또, 먹어버렸습니다

또, 먹어버렸습니다

참다 참다 폭식하는 그 마음

글 김윤아

edit

오래오래

행복하게 먹었다고 합니다

날씬한 몸이 보기 좋음의 기본값인 이 지구에서 우리는 매일 다이어트 강박을 느낍니다. "살 쪘네", "살 빠졌네"는 당연한 인사가 되었고 간헐적 단식, 원푸드 다이어트, 아이돌 식단 같은 다이어트 콘텐츠가 끝없이 떠돕니다. 누구를 만나도 어디를 가도 무슨 옷을 입어도, 반드시 살을 빼야 할 것만 같습니다.

다이어트가 목표라면 안 먹는 게 답입니다. 하지만 우린 늘 먹죠. 배고파서 먹고, 스트레스 받아서 먹고, 놀기 위해 먹습니다. 늦은 밤 야식을 때려 먹고, 맵고 짠 음식을 위장으로 쓸어 넣습니다. 술 먹고 안주 먹고 술 먹는 무아지경의 세계에 자신을 던지기도 합니다. 그리고 죄책감을 느낍니다. "맛있게 먹으면 0칼로리"라지만 우리는 압니다. "맛있는 건 고칼로리"라는 걸.

혹시 "다이어트해야지"라는 말을 입에 달고 사나요? 스트레스를 받으면 휘핑크림 올린 카페모카를 떠올리나요? 아침, 점심은 대충 때우고 저녁에 와르르 폭식하나요? 많이 먹고 나면 죄책감이 들어 후회하지만, 이를 반복하나요? 그렇게 매일 먹고 후회하는 간헐적 다이어터로 살고 계신가요?

먹는 건 죄가 아닙니다. 음식이 주는 행복은 무엇과도 바꿀 수 없을 만큼 소중합니다. 추운 겨울 이불 덮고 드라마를 보면서 야무지게 까먹는 귤, 뜨끈한 물에 몸을 담그고 피로를 풀면서 마시는 맥주 한잔, 진한 아메리카노와 함께 먹는 부드러운 슈크림빵…. 상상만으로도 벌써 행복해지는 그 기쁨, 포기할 수 없죠.

하지만 기쁠 때, 슬플 때, 화날 때, 외로울 때 등등 오욕칠정의 모든 감정을 죄다 먹는 것으로 해소하는 것은 위험합니다. 음식이 주는 기쁨으로는 해결할 수 없는, 반드시 직접 실체를 마주하고 치유해야 할 마음의 상처라는 것도 분명 있으니까요. 그 상처의 원인은 다양합니다. 마른 몸에 집착하는 이 미친 세상일 수도 있고, 딸을 인형처럼 가꾸고 통제하며 대리만족을 느끼는 엄마일 수도 있습니다. 완벽주의와 낮은 자존감일 수도 있고, 극심한 외로움일 수도 있죠.

이유가 무엇이든 온갖 감정을 음식으로만 해소하다 보면 폭식과 다이어트의 무한 반복의 굴레에 빠지기 쉽습니다. 많이 먹으면 그만큼 살이 찔 테고, 마른 몸에서 멀어질수록 죄책감을 느껴 다이어트에 집착할 테니까요. 그리고 다들 알다시피 다이어트에 성공한다는 건 불가능한 일입니다. 네, 단언컨대 불가능해요. 다이어트에 집착하면 할수록 음식에 대한 강박은 오히려 커지고, 그 불행한 굴레는 결국 식이장애로 이어집니다.

저는 식이장애를 겪었던 식이장애 전문 상담사입니다. 사춘기 이후로 체중에 대한 신경은 늘 써왔지만, 본격적으로 다이어트를 결심한 건 고등학교 2학년 무렵이었습니다. 친구들과 어울려 활발하게 놀러 다녔던 저는 다이어트를 계기로 180도 다른 사람이 되었습니다. 친구들이 급식을 먹으러 갈 때도 혼자 교실에 남아 사과, 고구마, 우유, 밤 등만 먹으며 지냈죠. 스무 살 무렵에는 중학교 1학년 때 보았던 몸무게를 찍게 되더군요. 바지는 점차 헐거워졌고, 음식에 대한 강박은 더욱 심해져만 갔습니다.

내가 원하는 수준이 아니면 아예 실패한 것이라고 생각했던 저는 대학수학능력시험에서 원하는 만큼의 점수를 얻지 못하자 체중에 더욱 집착했습니다. 첫 다이어트 때와는 달리 몸은 제 의지대로 되지 않았고, 한번 터진 폭식은 제어가 불가능한 지경에 이르렀습니다. 학사경고만 면할 정도의 성적으로 대학교를 다니는 동안 저는 매순간 음식과 살 때문에 고통스러웠습니다. 불어난 살을 도려내고 싶은 심정이었죠.

6년간 거식증(신경성 식욕부진증)과 폭식증(신경성 폭식증)

을 넘나들면서도 저는 이것이 심리적인 문제라고는 깨닫지 못했습니다. 단순히 다이어트 방법이 잘못되었다 생각했고, 내 의지가 약해서 자꾸 폭식하는 거라고 생각했죠. 그러나 지금은 단호하게 말할 수 있습니다. 식이장애는 '다이어트 병'이 아닙니다. 다이어트로 시작될 수는 있으나 문제는 다이어트가 아니라 마음에 있습니다. 식이장애는 내 마음을 봐달라는 신호랍니다. 미움받기 싫은 마음에 악착같이 살을 빼기도 하고, 인정받기 위해 죽을 만큼 힘든데도 다이어트를 못 놓기도 하죠. 때로는 관계에서 받은 상처가 음식에 대한 거부로 나타나기도 하고요.

이 책에는 너무 많이 먹거나 먹지 않는 현상에 얽힌 다양한 심리가 묘사되어 있습니다. 제 경험과 상담 사례를 통해 배운, 음식에 대한 집착에서 벗어나는 방법도 담았어요. 저는 이 책을 통해 여러분이 왜 폭식하고 다이어트에 집착하는지 이해하면 좋겠습니다. 그렇게 음식에 대한 강박에서 벗어나 부디 '오래오래 행복하게 먹는 삶'을 살기를 바랍니다.

나를 잘 달래며 살아가기란
쉽지 않기에

이다혜 〈씨네21〉 기자, 작가

건강하게 먹는 문제는 제게 풀기 어려운 퍼즐이었습니다. 단순히 먹는 것만의 문제가 아니라는 건 잘 알고 있어요. 식습관은 삶 전체와 관련되어 있고, 식습관과 관련된 모든 문제는 놀랍지 않게도 삶의 '결과'로 발생하니까요. 신선식품을 기껏 사두고도 제때 먹지 못해 그대로 버릴 때가 많았습니다. 일이 늦게 끝나는 날은 기진맥진해서 옷 벗고 눕는 것 말고 아무것도 할 수가 없는데 일이 늦게 있다는 이유로 저녁식사를 걸렀기 때문에 '튀긴 탄수화물'을 배달시키는 식이었거든요.

어차피 먹은 음식을 두고 후회는 하지 않아요. 문제는 제 몸이 이 식습관을 감당하지 못했다는 거예요. 응급실과 중환자실을 다녀온 뒤로 정기적으로 병원에 가는데, 코로나19 때문에 실내에서 지내는 시간이 지나치게 길어진 어느 날, 대체로 진료시간 내내 웃던 담당의가 검사수치를 보고는 랩을 하듯이 경고의 말을 쏟아냈습니다. 정신이 번쩍 들었어요. 요는 먹는 음식에 주의하라는 거였습니다.

그렇다고 식생활을 당장 바꾸기는 어려웠어요. 삶의 '결과'로서의 식습관을 고치려면 삶의 과정으로서의 매일을 손봐야 하니까요. 《또, 먹어버렸습니다》는 바로 그 이야기를 들려줍니다. 사람마다 매일의 삶이 어려운 이유는 제각각입니다. 저는 어디에 해당하는지 짚어내기 위해 책을 읽으며 찬찬히 제 삶을 돌아봤어요. '현실 도피'를 위해서라면 어떨까. "저는 항상 제가 이룬 성과들로 저의 가치가 매겨진다고 생각하면서 살아왔습니다"라는 문장을 읽다가 저 역시 그렇지 않은지 따져봤습니다. 성취가 중요한 일에 매달리면서 부담감은 커지고, 그 상황에서 도망치고 싶은 마음이 문제가 된 건 아니었을까. 내가 그 마음을 직시한다고 해서 도망치고 싶은 일이 마법처럼 사라지는 것은 아닙니다. 저자는 이렇게 조언해요.

"문제를 회피하고 있다는 사실을 알았다면 다음으로 해볼 수 있는 것은 내가 지금 할 수 있는 일과 할 수 없는 일을 명확히 구분 짓는 것입니다."

그리고 도망치는 것도 하나의 방법임은 분명하지만 도망가는 것의 한계점을 정해놓으라고 말해요. 이 조언은 앞으로 제게 식습관에 국한되지 않는 생활지침이 될 듯합니다.

'외로움'에 대한 이야기는 이 책의 백미입니다. "사회적 소외감을 느끼게 유도된 참가자들은 '모두가 같이 일하고 싶어 한다'라는 이야기를 전해 들은 참가자들보다 초콜릿 쿠키를 두 배 더 많이 먹었다"라는 실험 결과를 읽는데 어찌나 쓸쓸하던지.

감정과 음식 사이의 연결고리를 단칼에 끊어내겠다는 과욕이 부글부글 차오를 때쯤, 저자는 다독이듯 이렇게 말합니다. 끊어내려 하지 말라고, 대신 매듭을 느슨하게 만들어보라고.

먹는 것에 대한 이야기는 과장되기 쉽습니다. 몸에 좋다는 음식은 나날이 늘어나지만, 건강에 따라 음식을 조율하는 게 중요하다는 사실은 간과되기 쉽습니다. 세상에 나쁜 음식은 없습니다. 하지만 모든 사람에게 좋은 음식도 없어요. 나를 잘 돌보기 위해서는 외부의 정보에 기대는 만큼이나 내 몸이 하는 말을 잘 들어야 합니다. 과유불급이라고, 넘치는 것은 모자란 것이나 다를 바 없습니다. 모든 게 넘치는 상황에 적응해 있다면 조금씩 덜어내는 게 답일 수 있어요. 계속 채우려고 발버둥치는 대신 조금씩 덜어내면 어떨까요? 책을 읽는 내내 저는 덜어낼 것들을 계속 떠올렸습니다.

코로나19의 해가 되어버린 2020년, 저는 이사를 결정했습니다. 제가 좋아하는 산책로에 가능한 한 가까이 살고 싶었거든요.

"음식 중독에서 벗어나려면 어떻게 해야 할까요? 모든

문제는 한 가지에 몰두하고 집착할 때 발생합니다. 쾌락을 음식으로만 얻으려고 하면 내성이 생깁니다."

《또, 먹어버렸습니다》에 나오는 조언입니다. 음식을 대신할 대체재를 찾아보라는 것이죠. 저는 이제 한결 쉬워진 산책을 음식의 대체재라고 표현하기보다는, 음식과는 다른, 날씨와 계절에 따라 매일 바뀌는 즐거움이라고 표현하고 싶습니다. 나를 잘 달래며 살아가기란 쉽지 않고, 먹는 일은 매일의 과업입니다. 살아 있는 한 멈출 도리가 없는.

차례

음식 중독의
7가지 증상[1]

잔뜩 먹고 바로 후회하며 다이어트를
결심했던 경험, 있으신가요?
가끔 한두 번이야 상관없지만 계속되는
과식으로 소화불량, 만성피로, 고혈압 등
신체적 문제가 발생하거나 모든 감정을
자꾸 음식으로 해소하려 한다면
음식 중독이 아닌지 살펴볼 필요가
있답니다.

첫째, 배가 부른데도 계속 먹고 싶다

밥을 먹으면서 디저트로 뭘 먹을지 생각하고, 이미 치킨을 뜯으면서도 먹방을 보면 또 군침이 도나요? 우리는 '배고픔'이 아니라 '갈망' 때문에 먹기도 한답니다. 이런 갈망을 모두 음식 중독이라고 보기는 어렵죠. 하지만 먹어도 먹어도 계속 먹고 싶고 욕구를 참기가 점점 어려워진다면 주의해야 합니다.

둘째, 예상했던 것보다 훨씬 많이 먹는다

'라면 한 젓가락만 먹어야지' 생각했던 것과는 달리 국물에 밥까지 말아 싹싹 긁어 먹는 자신을 발견하고 놀란 적이 있나요? 아예 안 먹거나 끝장을 보는 '모 아니면 도' 식의 사고는 알코올 의존증에서도 유사하게 나타납니다.

셋째, 배가 터질 듯한 느낌이 들 때까지 먹는다

어느 정도 포만감이 들 때 수저를 놓지 못하고 토하기 직전까지 음식을 밀어 넣는다면, 이는 주의해야 할 폭식의 신호일 수 있습니다. 흔히들 "과식했다", "폭식했다"라고 일상적으로 말하지만 식이장애에서 임상적인 '폭식'을 말할 때는 "내가 먹는 것을 조절하고 통제할 수 있는가"를 기준으로 구별한답니다.

넷째, 자꾸 실패할 만한 규칙들을 세운다

'저녁 6시 이후로는 금식', '과자, 빵, 초콜릿은 입에도 대지 않기'와 같이 누가 해도 실패할 것 같은 규칙을 계속해서 세우고 있진 않나요?

음식 중독의 7가지 증상

다섯째, 먹으면서 죄책감을 느낀다

엄격한 규칙은 필연적으로 실패를 불러옵니다. 한동안은 참더라도 식욕을 이기지는 못하죠. 욕구에 굴복해버린 내 의지를 탓하며 자책하고 또다시 무리한 계획을 세우는 무한 반복의 굴레에 빠져 있진 않나요?

여섯째, 먹을 수밖에 없는 이유를 찾아서 먹는다

규칙을 세우고 나면 그 규칙에 벗어나는 예외를 찾아서 먹기 시작합니다.

'내일부터 다이어트할 거니까 오늘은 몰아서 먹어야지.'

'다이어트도 먹고 살자고 하는 건데 오늘같이 꿀꿀한 날에는 기름진 치킨에 맥주를 딱 먹어줘야지. 딱 오늘만!'

'이 빵은 내가 산 게 아니고 동료가 먹으라고 준 거니까 어쩔 수 없이 먹어야겠다.'

일곱째, 남들 몰래 숨어서 먹는다

음식을 절제해 먹는 절식과 지나치게 먹는 폭식이 반복되면 먹는 것을 누군가에게 보여주는 게 창피해집니다. 몰래 차에서 먹기도 하고, 가족들이 자는 사이에 부엌으로 숨어들어 음식을 챙겨오기도 하고, 서랍에 빵이나 과자를 숨겨놓고 먹기도 합니다. 이런 모습은 '치료가 필요한 정도의 폭식'을 하는 분들에게 흔히 나타납니다.

음식 중독의 7가지 증상

스 트 레 스

마음의 허기

다 이 어 트

I

나를 자꾸 먹게
만드는 것들

스 트 레 스

.

저녁에
뭐 먹을지 생각하며
하루를 버텨요

A.

　　30대 직장인 수미 씨는 요새 계속 몸이 붓고, 속이 더부룩한 게 고민입니다. 매일 퇴근하기 한 시간 전부터 뭘 먹을지를 고민하면서 버티다가 퇴근 후에는 고삐가 풀린 것처럼 음식을 먹어대기 때문이죠. 아침에 팅팅 부은 얼굴을 볼 때면 '오늘 저녁에는 담백한 음식을 먹어야지!' 하고 다짐하지만, 의지와 달리 찾게 되는 건 매운 떡볶이, 라면, 닭발, 치킨, 삼겹살, 곱창 등 자극적이고 기름진 음식들이에요.

　먹을 당시에는 분명 스트레스가 풀리는 것 같습니다. 속으로 '이런 게 낙이지', '닭발만 기다렸다!' 하고 외쳐요. 그러나 바지 단추가 버거워질 정도로 배부르게 먹고 나면 그제야 불편한 마음들이 스멀스멀 올라옵니다.

　'또 많이 먹었네⋯. 내일 속 엄청 더부룩하겠다.'

　'다이어트는 언제부터 하지? 내일 얼굴 부어서 사람들이 또 한마디씩 하겠네.'

점심에는 건강관리를 위해 샐러드나 건강 도시락 등으로 간단히 한 끼를 때우곤 합니다. 가볍게 먹고 나면 기분도 좋고, 식단을 잘 통제하는 자신이 뿌듯하게 느껴지기도 하죠. 하지만 꼭 저녁만 되면 이렇게 와르르 먹어대니 다이어트는커녕 건강관리도 못 하는 스스로가 한심하게 느껴집니다. 친구나 직장동료들을 보면 퇴근하고 나서 운동도 하고 각종 모임도 찾아다니면서 보람차게 시간을 쓰던데… 수미 씨는 그럴 엄두도, 여유도 나지 않습니다. 수미 씨는 왜 저녁만 되면 폭식을 하는 걸까요? 왜 의지와는 달리 자극적인 음식만 찾을까요?

#퇴근후 #퇴근후행복

여러분도 '퇴근 후'라는 말에 설렘을 느끼나요? 인스타그램에 '#퇴근후', '#퇴근후행복' 태그를 검색하면 보기만 해도 기름지고 자극적이고 술 한잔 곁들이기에 좋은 형형색색의 음식들이 빠짐없이 등장합니다. 그만큼 사람들은 힘들었던 하루를 보상받고 싶어 하고, 음식만큼 빠르게 효과적으로 만족감과 위로를 가져다주는 것이 드물기 때문이죠.

소울 푸드soul food, 컴포드 푸드comfort food라는 말이 있듯이 음식은 단순히 우리의 배를 채우는 이상의 만족감을 가져다줍니다. 아침에 무거운 몸을 이끌고 현관문을 나설 때부터 느꼈던 갑갑함, 무력감, 분노, 지루함, 공허함, 속상함이 퇴근 후 마주한 음식 앞에서는 사르르 없어지는 것같이 느껴져요. 마치 '그래, 너 고생했어'라고 내 앞에 있는 떡볶이가 말해주는 것 같습니다. 떡볶이는 입으로 들어가 나의 위장을 채우며 전에 없던 든든한 기분까지 느끼게 해줍니다.

온종일 일에 치이고 사람에 치여 고단해진 몸과 마음을 음식으로 달래는 것은 하나의 문화라고 할 정도로 일상적인 일입니다. 그래서 내 의지대로 먹는다고 생각하기 쉽지만, 우리는 결국 뇌의 명령에 따라 움직일 때가 많습니다. 뇌의 시상하부에는 식욕과 쾌락을 관장하는 곳이 맞물려 있습니다. 따라서 먹는 행위는 우리의 몸에 영양분을 공급해서 '아, 배부르다'라는 포만감을 느끼게 해줄 뿐만 아니라 '아, 기분 좋다'라는 심리적 만족감도 함께 줍니다. 거꾸로 생각하면, 우리의 뇌는 심리적 허기를 배고픔으로 착각하기도 합니다. 마음이 허전할 때 뇌는 '음식을 먹어'라는 신호를 보내서 기분을 달래주려 노력합니다. 떡볶이를 찾는 우리의 뇌는 다 계획이 있었던 거죠!

저는 어젯밤에 저녁을 먹고 배가 너무 부른데도 갑자

기 초콜릿이 너무 먹고 싶어서 가나 초콜릿과 홈런볼 한 봉지를 다 먹은 후에야 평화롭게 잠이 들었습니다. 그리고 별생각 없이 일어난 오늘 아침, 피 묻은 속옷을 보고 초콜릿을 갈망했던 어젯밤 저의 행동이 단박에 이해가 됐죠.

여성들 중에는 생리 전 초콜릿이나 빵이 너무너무 당기는 경험을 해본 분이 많을 거예요. 이 역시도 '뇌의 명령'으로 설명이 가능합니다. 생리 직전에는 호르몬의 변화가 급격하게 이루어집니다. 식욕을 높이는 프로게스테론이 증가하는 동시에 '행복 호르몬'으로 불리는 세로토닌 수치는 낮아져요. 호르몬의 변화는 뇌를 자극하고, 뇌에서는 '지금 몸이 힘들어하니 행복하게 만들어주자'라며 탄수화물과 당분이 많은 음식을 먹으라고 명령을 내립니다.

생리 직전에는 생리를 시작하고 나서보다 300~500kcal의 음식을 더 섭취한다는 연구 결과도 있습니다.[2] 가천대 식품영양학과 이영미 교수 팀이 여대생 366명을 조사한 결과에서도 생리 직전에는 음식 섭취량이 증가하고 생리가 시작된 후에는 식욕이 점차 감소하는 경향을 보였다고 합니다. 연구에 따르면 생리 직전에 여대생들은 짜증감을 가장 빈번하게 느꼈으며, 전체 대상자의 89.6%가 짜증감, 신체 피로감, 신경과민, 불편감, 화남, 우울감 등의 항목에서 한 가지 이상의 증상을 겪는다고 답했습니다. 또 생리 직전에 갈망하는 음식으로는 사탕, 쿠키, 케이크 등의 단 음식이 74.1%로 가장 많았고, 감자칩, 과자 등의 스낵류가 57%로 그 뒤를 이었다고 하네요.[3] 우리의 뇌는 월경전증후군PMS을 극복하기 위해 전략적으로 당분과 전분이 많은 음식을 찾는 것입니다.

시발비용과 맥주 한잔

이제 퇴근하기가 무섭게 고칼로리 음식을 찾는 자신을 너그러운 마음으로 이해할 수 있겠죠? 불쾌한 기분을 달래기 위해 충동적으로 써버리는 '시발비용', 병뚜껑 따는 소리에서부터 하루의 피로가 가시는 맥주 한잔, '쭈구리' 회사원에서 벗어나 황제처럼 대접받으며 먹는 고급스러운 식사 역시 같은 맥락에서 납득이 가능하죠. 저는 이런 재미나 보상은 충분히 필요하다고 생각합니다. 누군가에게는 하루를 버티게 하는 힘이 될 수 있으니까요.

하지만 문제는 한 가지에 집착할 때 발생합니다. 뇌에서 명령한 것 이상으로 음식을 계속해서 찾다 보면 우리의 몸에는 내성이 생깁니다. 같은 음식을 먹더라도 이전만큼의 보상이 되지 않는 것이죠. 그래서 더 많은 음식, 더 자극적인 음식을 찾게 됩니다. 뻑뻑한 일상을 잘 굴러가게 하는 윤활유 같던 음식이 오히려 일상생활에 악영향을 주는 거예요. 수미 씨처럼 분명 다음 날 몸이 힘들 걸 알면서도 저녁만 되면 과식하는 습관을 조절하기가 어렵다면, 이는 주의할 만한 신호입니다.

음식을 '즐거움'으로 남겨두기 위해서는 여러분에게 보상이 될 만한 활동을 다양하게 만들어놓는 것이 필요합니다. 어떤 날은 가벼운 산책이나 다양한 운동으로 스트레스를 풀고, 또 다른 날은 사람들과 만나 수다를 떨거나 취미생활을 공유하는 것으로 하루를 마무리하고, 너무 피곤한 날에는 목욕이나 충분한 휴식으로 재충전하는 시간을 보내는 것이죠. 처음에는 귀찮고 힘들겠지만, 다른 활동으로도 음식만큼의 만족감이 채워진다는 것을 알면 점점 쉬워질 것입니다.

저도 상담이 늦게 끝나 너무 피곤한 날이면, 라면 국물로 빵빵하게 배를 채우는 것으로 하루를 마무리하곤 합니다. 어떤 날은 욕조에 따끈한 물을 받아놓고 쉬면서 '고생했어'라고 자신을 다독여주기도 하죠. 오늘 여러분의 하루는 어땠나요? 지친 하루 끝에 여러분은 무엇으로 스스로를 달래주고 있나요?

.

많이 안 먹은 것 같은데
살이 쪄요

여러분은 무엇을 얼마큼 먹을지 스스로 선택한다고 생각하시나요? 《음식의 심리학》의 저자 멜라니 뮐은 "우리가 레스토랑에서 특정 메뉴를 고르고 음식을 사 먹는 데에는 심리적, 사회적 요소가 큰 영향을 미친다"라고 이야기합니다. 우리가 어떤 환경에 놓였는지에 따라 먹는 양이 줄거나 늘어날 수 있다는 뜻이죠.

미국 코넬대학교의 식품브랜드연구소Food and Brand Lab에서는 사람들이 빈 접시를 '포만감의 신호'로 여길 때 먹는 양이 얼마큼 차이 나는지 알아보고자 했습니다.[4] 실험 참가자들에게 토마토 수프를 제공하고, 일부 접시는 조작해서 토마토 수프를 계속 몰래 채워 넣었어요. 그러자 조작된 접시로 수프를 먹은 사람들은 그렇지 않은 사람들보다 평균 73%를 더 먹었다고 합니다.

비슷한 이유로, 사람들과 어울려 시끌벅적한 자리에서 먹거나 영상을 보면서 먹으면 여러분이 인식하지 못한 채로 더 많은 양을 먹을 수 있답니다.

사람들과 같이 먹다 보면 모든 접시가 비워지는 것을 '나의 포만감의 척도'로 삼아 계속 먹게 됩니다. 별로 많이 안 먹은 것 같은데도 회식이나 식사 약속이 잦아질수록 옷이 점점 끼게 되는 이유랍니다.

또 영상을 보면서 식사를 하면 눈과 귀는 화면에 집중시킨 채로 음식을 계속 집어오게 됩니다. 정신은 이미 다른 곳에 팔려 있기 때문에 평소보다 많은 양을 먹더라도 '좀 배부르네' 하고 넘어가는 거예요.

내가 오빠가 셋이라…

주위에 어떤 사람이 있는지도 식사에 많은 영향을 줍니다. 드라마 〈슬기로운 의사생활〉에서 등장인물 송화는 항상 음식을 급하게 집어 먹습니다. 누가 따라오기라도 하는 것마냥 허겁지겁 먹어서 친구들에게 핀잔을 듣기 일쑤죠. 송화는 그럴 때마다 이야기합니다.

"내가 오빠가 셋이라…."

어릴 때 오빠들을 제치고 맛있는 음식을 쟁취하기 위해 항상 전투적으로 식사를 해야 했고, 이에 따라 자연스럽게 식사 속도가 빨라진 거예요. 실제로 음식을 급하게 먹는 사람과 앉아 있으면 덩달아 빨리 먹게 된다고 하네요.

또 같은 식탁에 앉은 사람들은 같은 메뉴를 주문할 가능성이 커진다고 합니다. 이는 다른 사람의 행동을 무의식적으로 따라 하는 '카멜레온 효과'로 설명할 수 있죠. 체중이 많이 나가는 사람과 식사를 하면 더 많이 먹게 된다고도 해요. 심지어 웨이터의 체질량지수가 높을수록 손님이 음식을 더 많이 시킨다는 실험 결과도 존재합니다.[5] 상대방을 '사회적 기준'으로 삼기에 먹는 양에도 영향을 받는 것이죠. 앞으로 식사할 때 여러분이 어떤 환경에 놓여 있는지 잘 살펴볼 필요가 있겠죠?

컨디션에 따라서도 선호하는 음식과 양이 달라집니다. 저는 상담하면서 종종 이런 질문을 받습니다.

"왜 엄청 피곤하고 힘든데 살이 빠지는 게 아니라 더 찌는 거죠?"

직관적으로 생각했을 때는 시험이나 일 때문에 바쁘고 힘들면 머리도 더 많이 쓰고 잠도 못 자고 움직이느라 열량이 훨씬 많이 소모될 것 같은데 말이죠. 그러나 우리의 몸은 우리 생각과는 조금 다르답니다.

감당하기 힘들 정도의 스트레스를 받거나 피로를 느끼면 몸은 코르티솔이라는 호르몬을 분비합니다. 이 호르몬이 분비되면 식욕은 더욱 왕성해지고 복부에 지방이 쌓이는 대사로 바뀌면서 체중이 증가하는 것이죠. 여기에 더해 휴식이 부족하면 세로토닌이 안정적으로 분비되지 않아 더 자극적이고 기름진 음식을 원하게 됩니다.[6]

피곤하고 힘들 때면 바로 잠드는 것이 아니라 꼭 과자나 빵, 라면 같은 자극적이고 기름진 무언가를 더 먹게 되더라니… 바로 이런 이유 때문이었네요. 다이어트의 적은 게으름이 아니라 '피로'와 '수면 부족'일 수 있어요.

매운맛을 즐기는 당신은 변태?

특정 음식을 원하는 데는 타고난 기질도 영향을 줄 수 있다고 합니다. 혹시 매운 음식을 좋아하나요? 불닭볶음면 열풍이 불고 마라탕 가게가 우후죽순 생겨날 정도로 우리나라 사람들은 매운맛을 선호합니다. 저도 매운 라면에 청양고추를 넣어서 먹기도 하고, 간식으로 와사비 콩을 먹고, 스트레스를 불닭볶음면으로 푸는 등 매운 음식을 사랑했습니다. 위장이 약해지는 바람에 이제는 맵찔이가 되고 말았지만요.

매운맛은 단맛, 신맛, 짠맛 등 맛의 일종이 아니라 아픈 감각인 통각에 해당합니다. 펜실베이니아대학교의 심리학자 폴 로진Paul Rozin과 데버라 실러Deborah Schiller의 연구에 따르면 매운 것을 잘 먹는 사람들은 과속운전, 낙하산, 다이빙처럼 모험적이고 자칫하면 다칠 수도 있는 활동을 선호하는 경향을 보였다고 합니다.[7] 즉 매운맛을 좋아하는 사람은 변화와 강렬한 기분을 쫓는 감각 추구자Sensation Seeker에 해당하는 것이죠.

여기서 한 가지 의문점이 생길 수 있습니다.

"저는 높은 곳에만 올라가면 정신이 아득해져서 바이킹이나 롤러코스터처럼 심장이 내려앉는 것 같은 놀이기구는 절대 안 타는데 매운 떡볶이는 즐겨요. 이건 왜 그런 거죠?"

강렬한 감각을 추구하는 것이 유전적으로 타고난 하나의 기질이라면, 위험을 피하려 하는 것도 기질이라고 볼 수 있습니다. 이 두 가지 독립적 기질은 둘 다 높을 수도 있고 하나만 높을 수도 있습니다. 두 가지 기질이 모두 높은 경우 짜릿한 느낌은 맛보고 싶어 하지만 자신에게 직접적으로 해가 될 만한 활동은 피하려 합니다. 그래서 선택한 것이 매운 닭발이죠. 매운 닭발을 먹는다고 해서 죽는 것도 아니고, 최악의 시나리오라고 해봐야 내일 화장실에서 쓰린 배를 부여잡고 후회하는 정도일 테니까요. 마치 현실에서는 아무 일도 일어나지 않는다는 것을 알기에 공포영화를 즐기는 제 모습과도 같죠. 통제감은 가지되 자극은 느끼고 싶은 마음이랄까요?

물론 기질과 관계없이 스트레스 해소를 위해 매운 음식을 찾기도 합니다. 매운 것을 먹으면 땀이 나고, 열이 오르고, 눈물도 나고, 맥박도 더 빨라집니다. 뇌는 통증을 완화하기 위해 엔도르핀이나 아드레날린과 같은 호르몬을 분비해내죠. 이는 일시적으로 쾌감을 느끼게 해 스트레스가 풀린 듯한 기분이 들게 합니다. 이 때문에 우리는 매운맛을 끊임없이 찾게 되는 것이죠. 마치 마라톤 선수들이 오래 달리면서 극강의 쾌감인 '러너스 하이'를 경험하거나, 거식증 환자들이 굶는 행위를 지속하면서 그 행위에 더 빠지는 이유와 같습니다.[8]

우리는 음식에 대해 통제력을 가지고 있다고 생각하지만 현재 어떤 상황에 놓여 있는지, 주위에 어떤 사람이 있는지, 어렸을 때 뭘 먹고 자랐는지에 따라 입맛이 달라집니다. 우리는 떡볶이를 누구나 좋아할 만한 음식이라고 생각하지만, 사실 우리의 감각에 익숙해서 맛있다고 느낄 뿐입니다. 외국에서 낯선 향신료나 요리를 처음 먹었을 때 맛없다고 느끼는 것처럼요.

그럼 이 모든 것을 고려하며 음식을 먹어야 할까요? 아니요. 어차피 많이 알아도 통제할 수 없으니 눈앞에 있는 음식을 맛있게, 즐겁게 드세요. 가장 확실한 건 맛있는 음식을 먹으면 행복해진다는 사실이니까요.

폭식증 상담받는

남자는 왜 없을까요?

A.

　　사무직에 종사하는 동한 씨는 요
새 자꾸 불어나는 체중 때문에 고민입니다. 밤만 되면 딱
히 배가 고픈 것도 아닌데 야식의 유혹을 참기가 어렵습
니다. 특히나 뭔가 불쾌한 기분이 들 때면 치킨 한 마리에
맥주 두 캔, 연달아 과자 두세 봉지와 아이스크림 한 통을
때려 먹고 나서야 정신이 들곤 합니다.

　사실, 요새 회사에서 부장이 자꾸 자신에게만 지적과
잔소리를 늘어놓는 것 같아 동한 씨는 기분이 좋지 않습니
다. 부장이고 뭐고 들이받을까도 생각해봤지만 바로 이직
이 가능할지도 모르겠고, 다른 회사라고 상황이 크게 다
를 것 같지도 않아 하루하루를 그저 버티는 중입니다. 회
사에서 점심을 먹지만 같이 밥 먹는 사람들이 편하지도 않
을뿐더러 이따가 해야 할 일들이 떠올라서 제대로 먹는다
는 느낌이 들지 않습니다. 괜히 많이 먹었다가 속이 안 좋
아서 오후 내내 화장실을 들락거린 적도 있기에 점심은 '한

　　　　　　　　　　　　　　　스트레스

끼 때운다'라는 마음으로 먹을 때가 많습니다. 그래서인지 집에 오면 편한 옷으로 갈아입은 뒤 눈치 보지 않고 먹는 야식이 행복하게 느껴지기도 합니다.

스트레스를 먹는 걸로 풀고 있다는 막연한 생각이 들기는 하지만, 남들도 다 이렇게 살지 않나 싶은 생각도 듭니다. 다만 벨트에 자꾸 뱃살이 끼여 앉아 있는 게 불편하고, 옆자리 과장이 지나가면서 "동한 씨, 요새 잘 먹고 다니나 봐?"라고 한 말이 조금 신경 쓰이기는 합니다. 또 지난 몇 달간 식비 지출이 더 많아지기도 했습니다. 이번 달 월급이 들어오면 헬스장에 가서 스트레스를 운동으로 풀어보자고 다짐은 몇 달째 하고 있지만 막상 집에 오면 어디를 나가고 싶지도 않고, 나갈 기운도 없습니다.

점점 늘어나는 체중과 카드값이 부담스러워서 먹는 대신 누군가에게 하소연을 좀 해볼까 싶기는 합니다. 그러나 오늘도 귀찮고 무기력한 마음이 변화해보려는 마음을 기어이 이기고야 맙니다. 동한 씨는 결국 또 치킨을 시킵니다.

남자도 식이장애를 겪습니다

저는 스트레스성 폭식이나 폭식증 때문에 상담받으러

오는 남성을 본 적이 없습니다. 오히려 우울, 불안, 공황장애 등으로 상담실을 찾았는데 알고 보니 스트레스를 폭식으로 풀고 있던 경우는 몇 번 있었죠. 아마 다른 상담센터나 병원도 사정이 크게 다르지는 않을 겁니다. 동한 씨처럼 정서적 허기와 심리적 스트레스를 음식으로 푼다 해도 남성은 여성보다 그것을 문제로 인식할 가능성이 낮습니다.

이는 사회적 인식과도 관련이 있죠. 우선 과식과 과음으로 스트레스를 해소하려는 남성이 주위에 꽤나 많다 보니 '남들도 다 그렇지 뭐' 하고 대수롭지 않게 넘기곤 합니다. 우울증은 치료받아야 한다는 인식이 어느 정도 자리를 잡아가고 있지만, 폭식 같은 경우에는 아직 그런 인식이 많이 부족합니다. 오히려 "나 요새 너무 많이 먹어. 야식으로 스트레스 푸는 듯"이라고 푸념하듯 이야기하면 "음식으로 스트레스 풀 수도 있지. 그게 인생의 낙인데 뭐"라는 정도의 답변이 돌아오기 일쑤입니다. 결국 나중에 정말 우울해지거나 불안이 심해져 공황 발작 증세들이 나타나야 문제의 심각성을 인식하게 되죠.

또 다른 이유를 꼽자면, (많이 바뀌고 있는 중이지만) 사회적으로 남성이 많이 먹거나 체중이 많이 나가는 경우 여성이 그랬을 때보다 상대적으로 관대한 경우가 많습니다. 그러다 보니 정말 일상생활에 지장을 줄 정도로 체중이 늘지 않는 이상은 '나 요새 살 좀 쪘네' 하고 스스로도 넘어가기가 쉽다는 것이죠. 반면 여성들은 반복되는 폭식으로 살이 찌면 상대적으로 위기감을 느끼며 상담실을 찾곤 합니다. "저 요새 너무 많이 먹어서 살쪘어요. 고치고 싶어요"라고 하면서요.

폭식을 문제라고 인식할 가능성은 남성이 여성보다 낮지만, 남성이 여성보다 음식 문제에서 더 자유롭다고 말하기는 어렵습니다. 물론 심한 다이어트 때문에 나타나는 거식증과 폭식증의 경우에는 여성이 전체의 90%를 차지할 정도로 여성 비율이 월등히 높습니다. 그러나 미국의 연구 결과에 따르면 폭식장애 전체의 경우 남녀 비율이 4대 6 정도로 거의 비슷하다고 하네요.[9]

저는 개인적으로 남성이 폭식하기 더 좋은 상황에 놓여 있다고 생각합니다. 여성은 그나마 수다를 떨고 울기도 하면서 감정을 알아차리고 표현할 기회가 많죠. 하지만 남성은 사회적 시선 때문에 상대적으로 그런 기회가 더 적을 거예요. 여기에 더해 많이 먹거나 살찌더라도 사람들이 더 관대하게 봐주었다면? 음식을 자연스럽게 감정 해소 수단으로 이용할 가능성이 더 높아지겠죠. 스스로 문제라고 인식하지 못할 뿐 우리 주변에는 폭식을 경험하고 있는 사람들이 꽤 있습니다.

그렇다면 여기서 어떻게 벗어날 수 있을까요? 가장 먼저 해야 할 일은 내가 어려움을 겪고 있다는 사실을 인정하는 것입니다. 그러고 나서 자신의 감정을 알아차리고 음식이 아닌 다른 해결책을 찾아보는 거죠. 음식을 통해 잠시 동안은 화나고 속상하고 불편한 기분에서 벗어날 수 있을 거예요. 하지만 감정은 그때그때 적절하게 꺼내서 봐주지 않으면 속에서 내가 감당하기 어려울 정도로 점점 불어나곤 합니다. 한껏 부풀어 오른 감정 풍선이 빵 하고 터지기 전에 바람을 꼭 빼줘야 해요.

혹시 속상하고 힘든 이야기를 사람들에게 꺼냈다가 이런 말을 들어본 적 있나요?

"그 정도는 참아야지. 징징거린다고 뭐가 나아져? 누구나 다 힘든 거야. 그만 울어."

이런 말들 때문에 마음의 문을 닫아버린 분이 있다면 저는 이렇게 말해주고 싶어요.

"모두 다 힘드니까 이야기 좀 해요. 울고 욕하고 징징대면서 같이 버팁시다."

저도 혹시
음식 중독일까요?

A.

저는 스트레스 받을 때 꼭 휘핑크림 올린 카페모카를 마십니다. 이 반응은 놀라울 만큼 자동적이죠. '지금 당장 단 걸 입에 넣고야 말겠어'라는 생각은 '언제 봐도 반가운 오레오 과자, 휘핑크림을 듬뿍 올린 커피, 향과 맛 모두 진한 치즈케이크, 한입에 단맛을 잔뜩 느끼게 해주는 필링 가득한 마카롱 중에서 뭘 먹을까?' 하는 행복한 고민으로 이어집니다. 충동은 실천이 되고, 카페 점원에게 카드를 내밀고 있는 저를 발견하죠. 달달한 음료를 한입 가득 마시면 황홀한 기분이 퍼뜩 듭니다. 마치 뇌에서 폭죽이 터지는 것 같죠. 그제야 내 상태에 대해 떠올려 봅니다.

'나 오늘 좀 힘든가…?'

왜 힘들 때는 꼭 달고 기름진 음식이 생각나는 걸까요?

스트레스

도넛, 케이크, 아이스크림, 초콜릿…

인간은 고지방, 고칼로리 음식을 선호하도록 진화했습니다.[10] 구석기 시대의 인간은 한동안 먹지 않아도 살 수 있도록 기름지고 열량이 많은 음식을 필요로 했죠.

인간의 몸은 구석기 시대와 별 차이가 없지만 우리가 놓인 환경은 과거와 너무나도 다릅니다. 길을 나서면 어디서나 달콤하고 지방 가득한 음식을 잔뜩 살 수 있죠. 식품 회사들은 어떻게 하면 탄수화물과 지방을 적절하게 조합해서 사람들의 만족감과 쾌감을 끌어낼 수 있을지 수십 년간 연구했습니다. 그 결과 등장한 것이 밀크셰이크, 도넛, 과자, 케이크, 아이스크림, 초콜릿 등 오감을 자극하는 음식들이에요. 생존에 더해 행복감까지 준다니, 거부하기 힘든 유혹이죠!

제가 휘핑크림 올린 카페모카를 원하는 데는 다른 심리적 이유도 존재합니다. 왜 출근길에 사람들은 너도나도 커피와 달콤한 음료를 마시려 할까요? 카페인 때문이기도 하지만, 빨대에도 원인이 있습니다. 빠는 행동은 인간이 생존을 위해 하는 첫 번째 경험이에요.[11] 어머니의 젖가슴을 힘차게 빠는 행위를 통해 포만감을 얻을 뿐 아니라 안정감과 위안도 얻죠.

휘핑크림도 한몫합니다. 우리가 특별히 좋아하는 음식은 도넛, 케이크, 밀크셰이크 등 입안에서 사르르 녹는 음식들이죠. 밀도가 변하면 거기에 주의력이 쏠려서 음식을 먹는 동안만큼은 기분 전환이 되는 동시에 안도감을 느낀다고 합니다.[12] 앗, 제가 카페모카를 먹어야 하는 이유가 더 추가되었네요.

잠깐의 기분 전환이나 부가적 행복을 위해 음식을 섭취하는 것은 삶에 활력을 불어넣습니다. 하지만 우울하고 불안하고 화나고 공허하고 조급하고 지루하고 무력하고 슬픈 모든 순간을 넘기기 위해 음식을 '마취제' 또는 '의존 수단'으로 사용한다면 이는 짚고 넘어가야 할 문제가 될 수 있습니다. 마약, 알코올, 담배처럼 내성과 금단 현상이 생기기 때문이죠.

실제로 폭식과 제거 행동(구토를 하거나 변비약, 이뇨제를 남용하거나 과도한 운동으로 먹은 것을 보상하려는 행동)을 통해 자신의 감정을 필사적으로 보지 않으려고 노력하는 분들은 '마약을 하는 것처럼' 하루에도 몇 번씩 폭식과 제거 행동에 빠져 지냅니다.[13] 일상생활을 음식이 잠식해버리는 끔찍한 결과가 나타나는 것이죠. 음식이 어떻게 마약과 비슷한 작용을 하게 되는 걸까요?

음식도 많이 먹으면 내성이 생겨요

예일대학교의 식품 정책 및 비만 문제 연구소에서는 다양한 체형의 여성 참가자 48명을 대상으로 음식 중독을 측정하는 문진표를 작성하게 했습니다. 이후 기능성 자기공명영상FMRI을 통해 초콜릿 밀크셰이크를 마셨을 때와 물을 마셨을 때 참가자들의 뇌 반응을 비교했어요.

음식 중독 문항에서 높은 점수를 보인 참가자들은 밀크셰이크를 마셨을 때 뇌의 특정 부위가 활성화되었습니다. 도파민 같은 신경전달물질과 관련이 높고 '쾌락 중추'라 부르며 담배나 마약을 했을 때 활성화되는 부위예요. 연구진은 체중과 상관없이 음식에 심하게 중독되어 있을수록 음식에 대한 통제가 어렵다는 사실을 발견했습니다.[14] 초콜릿 밀크셰이크가 코카인처럼 뇌에 영향을 줄 수 있다는 연구 결과였죠.

또 다른 연구에서는 쥐에게 고지방, 고칼로리 음식을 계속해서 먹였는데, 고통을 줘도 계속해서 그 음식을 선호하는 경향을 보였다고 합니다. 이는 마약 중독자의 행동 패턴과 매우 유사합니다.[15] 이런 연구 결과들은 음식 '중독'이 결코 과장된 말이 아니라는 것을 보여줍니다.

중독 전문가들의 말에 따르면 술이든 담배든 약물이

든 끊으려고 여러 차례 시도할수록 결국에는 성공할 확률
이 높아진다고 합니다. 그러나 음식을 '끊는' 일은 사실상
불가능하죠. 아예 안 먹을 수는 없는데 음식만 보면 절제
하기가 힘들고, 사람들은 자꾸만 "의지의 문제", "적당히
먹어라"라고 쉽게 이야기하고…. 음식에 중독되어 폭식하
는 분들은 정말, 많은 고충을 겪고 있습니다.

달콤함은 잠깐의 행복으로 남겨두세요

음식 중독에서 벗어나려면 어떻게 해야 할까요? 모든
문제는 한 가지에 몰두하고 집착할 때 발생합니다. 쾌락을
음식으로만 얻으려고 하면 내성이 생깁니다. 같은 음식을
먹더라도 이전만큼의 보상이 되지 않죠. 그래서 더 많은 음
식, 더 자극적인 음식을 찾게 된답니다. 따라서 음식의 대
체재가 될 만한 것들을 찾아야 합니다.

많은 분이 마술적인 거창한 대체재를 원하지만, 가벼운
산책만으로도 뇌의 시스템이 바뀌어 음식에 대한 집착이
줄어든다고 합니다.[16] 산책이든 운동이든 그림 그리기든 어
떤 것이라도 조금씩 시도해보는 게 좋습니다. 단 혼자 하는
활동은 음식을 먹는 것만큼 정서적 자극이 크지 않으니 처

음에는 무엇이든 사람들과 함께 해보세요. 슬프고 지친 마음을 달래기 위해 가까운 사람에게 연락해서 수다를 떨거나 감정을 나누는 것도 좋고, 무료함과 공허함을 달래기 위해 취미 활동을 공유해보는 깃도 좋습니다.

　제 경우 카페모카로 잠시 도피하는 그 순간에는 기뻤지만 별로 나아지는 건 없었습니다. 오히려 직면한 문제로 다시 돌아가야 한다는 사실에 더 불쾌함을 느끼기도 했어요. 저는 글을 쓰기 싫어질 때면 잠시 과자를 먹거나 젤리를 먹으면서 위안을 얻었습니다. 하지만 제가 컴퓨터에 앉아 키보드를 두드리지 않으면 원고 마감 기한을 맞출 수 없다는 사실은 알고 있죠. 네, 저는 또다시 이렇게 글을 씁니다. 여러분도 잠깐의 달콤함은 맛보되 스트레스의 원인이 무엇인지 제대로 알고, 고통스럽더라도 마주해보면 어떨까요? 음식은 여러분의 상황을 해결해주지 못하니까요.

.

일이 터졌을 때
느닷없이 폭식해요

A.

　　　　　　　저는 이런 경험을 한 적이 있어요. 식이장애와 우울증으로 상담을 받고 여러 면에서 괜찮아졌다고 생각했을 무렵, 유학 간 친구도 만나고 여행도 할 겸 영국에 4주 정도 머물렀어요. 그런데 12월 31일에서 1월 1일로 넘어가던 날, 아빠에게 뜬금없이 메시지가 왔습니다. 한국과 영국의 시차는 8시간이니 한국은 밤, 영국은 이른 오후쯤이었겠네요.

　"엄마와 해돋이 여행을 왔는데, 엄마가 사라졌다."

　아직도 그때의 놀람이 잊히질 않아요. 너무 놀라서 친구에게 전화를 했고, 받자마자 제가 우는 바람에 친구도 놀라서 숙소로 달려왔어요. 아빠는 함께 저녁을 먹다 말다 툼 때문에 화가 난 엄마가 핸드폰만 챙겨서 자리를 박차고 나갔다고 했어요. 알고 보니 엄마는 버스를 타고 홀로 서울로 돌아간 것이었고, 잠깐의 해프닝으로 마무리되는 듯했습니다.

하지만 저에게는 끝나지 않은 일이었죠. 엄마는 아빠가 연락했냐며 미안하다고 했고, 아빠는 엄마가 자신과 말을 안 한다며 푸념을 했어요. 저는 영국에서 발만 동동 굴렀습니다.

그래서 제가 무엇을 했냐고요? 잠잠했던 폭식이 또다시 시작되었습니다. 여기서 말하는 폭식이란 단순히 많이 먹는 게 아닙니다. 마치 누가 먹으라고 조종하는 것처럼 통제할 수 없는, 조절 불가능한 상태에서 마구 먹는 것을 뜻하죠. 어쩌면 상황과 맞지 않는 뜬금없는 행동처럼 보일 수 있습니다. 왜 저는 그 상황에서 폭식을 했을까요? 아빠에게 그만하라고 하거나 엄마와 아빠를 중재한 것도 아니고, 한국으로 짐을 싸서 달려간 것도 아니에요. 대신 마트에 달려가 눈에 보이는 대로 과자를 사서는 홀로 꾸역꾸역 먹었습니다.

사실 이런 상황은 저에게 완전히 새로운 경험은 아니었습니다. 저는 학부 때 연극영화학을 전공했습니다. 시나리오를 써서 짧은 영상을 연출하는 것이 하나의 수업 과제였죠. 그때 저는 시나리오를 써야 한다는 압박감과 불안감에 사로잡힌 채로 빵을 몇 만 원어치 사다가 먹었습니다. 매우 뜬금없어 보일 수도 있지만, 사실 많은 사람이 이런 행동을 하고 있답니다.

이 순간을 피하고 싶어요

흔히 '현실 도피'라고 하는 심리적 철수withdrawal는 프로이트로부터 시작된 정신분석적 심리치료에서 말하는 방어기제의 일종입니다.[17] 방어기제란 우리에게 주어진 의식적 또는 무의식적 여러 스트레스 상황으로부터 스스로를 지키기 위해 사용하는 행동입니다. 그중 철수 및 도피는 문제를 맞닥뜨렸을 때 해결하기보다는 상황을 회피해버리는 행동이라고 볼 수 있죠. 스트레스를 받으면 잠을 자려고 한다거나 갈등하다 말고 뜬금없이 스마트폰을 만지작거리는 행동을 예로 들 수 있답니다.

여러분은 어떤 회피 행동을 하고 있으신가요? 시험 기간에 공부는 하기 싫은데 압박감과 불안감은 느끼면서 원래는 잘 하지도 않았던 게임에 빠지거나 별 관심도 없었던 드라마를 열심히 보았던 경험, 혹시 있으신가요? 저는 지금 이 순간에도 열심히 회피와 문제 해결을 반복하고 있답니다. 글을 쓰고 싶지만 또 쓰기 싫은 마음에 괜히 유튜브도 봤다가 메시지도 봤다가, 별로 잘 들어가지도 않던 인스타그램도 뒤져봅니다. 하… A4 5쪽을 채우기까지 (조금 과장을 보태서) 핸드폰을 500번은 들여다보는 것 같네요. 이 모든 행동이 바로 회피에 해당합니다.

이 현실 도피 행동을 모두 나쁘다고는 볼 수 없습니다. 저는 해야 할 과제가 있을 때 절대로 한 번에 처음부터 끝까지 해본 적이 없습니다. 이리저리 돌고 돌아 결국 과제를 하게 되기까지의 적절한 회피 행동은 환기도 되고, 그 나름대로 하루의 즐거움을 주기도 하니까요. 불안감을 가득 안고 보는 드라마만큼 재미있는 것이 없죠. 혹시 '여행은 결국 현실로 돌아오기 위한 것'이라는 이야기를 들어본 적이 있나요? 크게 보면 여행도 하나의 도피에 해당할 수 있답니다.

그러나 항상 그렇듯 과한 것은 문제가 됩니다. 과제하기 싫은 마음에 아이스크림 하나를 먹고, 부모님이 싸울 때 무력감에 사로잡혀 과자 한 봉지쯤은 먹을 수 있죠. 하지만 그것이 계속 반복되어 정작 해야 할 과제를 못 하거나 일상생활에 지장을 줄만큼 폭식을 한다면 이는 위험신호라고 볼 수 있습니다. 한 번은 피할 수 있지만, 계속해서 피한다면 정작 문제에서 벗어날 수 없을 테니까요.

회피 행동을 적절한 수준에서 마무리 짓기 위해 가장 중요한 것은 '내가 도망가고 있음을 아는 것'입니다. 굉장히 쉬운 해결책 같아 보이지만, 자신이 무엇을 하고 있는지 제대로 알고 이해하는 것만큼 어려운 일이 또 없죠.

현실로 돌아오는 중입니다

대학 시절 저는 왜 시나리오를 쓰지 않고 음식을 찾았을까요? 저는 항상 제가 이룬 성과들로 저의 가치가 매겨진다고 생각하면서 살아왔습니다. 그래서 중고등학생 때는 공부와 다이어트에 매달렸죠. 대학교에 진학하자 그 기준이 달라진 것처럼 보였습니다. 사실 저는 뭔가를 연출해내는 데는 큰 흥미가 없었지만 그저 잘해내고 싶었고, 거기에 따른 인정을 받고 싶었습니다. 딱히 쓰고 싶은 시나리오는 없는데 잘해내고는 싶으니 불안감과 초조함, 부담감이 엄습했겠죠. 그래서 잠시나마 도망가고 싶었고, 제가 선택한 것은 음식이었습니다. 혼자서 모든 것을 해내는 데 익숙했던 저에게 어쩌면 딱 맞는 행동이 아니었을까 싶네요.

이렇게 내가 어떤 상황에서 어떤 마음을 느끼고 있는지 알고, 도망치고 싶은 마음 때문에 음식을 먹고 있다는 사실을 알아차릴 수 있어야 합니다. 적어도 내가 어떤 현실로부터 멀어지고 싶은지는 알아야 다시 그 길을 찾아서 돌아올 수 있을 테니까요.

문제를 회피하고 있다는 사실을 알았다면 다음으로 해볼 수 있는 것은 내가 지금 할 수 있는 일과 할 수 없는 일을 명확히 구분 짓는 것입니다. 저는 왜 부부싸움을 한 엄마와 아빠를 두고 영국에서 홀로 폭식을 했을까요? 저는 그 당시 굉장한 무력감을 느꼈던 것 같습니다. 그 무력감에는 내가 어떤 개입을 했더라면 부모님이 싸우지 않았을 거라는 통제감이 깔려 있습니다. 내가 할 수 있는데 안 한다고 생각되니 무력감과 죄책감에 빠져 폭식을 한 거죠.

그러나 돌이켜보건대 제가 부모님 사이에서 할 수 있는 일은 거의 없었습니다. 오히려 엄마가 그렇게까지 화가 났는데 제가 나서서 상황을 대충 무마시켰다면, 그 당시에는 넘어갔을지 모르지만 두 분에게는 악수가 되었겠죠. 제가 그때 할 수 있었던 일은 아빠가 돈을 보태줘서 간 영국에서 다양한 경험을 열심히 해보는 것, 아빠가 힘들어하면 적당한 위로를 해주는 것, 자기를 신경 쓰지 말고 지내라는 엄마에게는 심심한 안부를 전하는 것이었습니다.

혹시 여러분도 당장 나에게 닥친 일이 너무 버겁고 겁이 나고 어디서부터 헤쳐나가야 할지 몰라 막막한 마음에 음식을 찾고 있다면, 내가 당장 할 수 있는 손쉬운 일부터 차근차근 해보는 게 어떨까요? 내가 할 수 없는 일들은 과감히 제쳐두고요.

어디까지 도망갈지 한계점을 정해놓는 것도 좋아요. 저는 오늘도 이 글을 쓰기 위해 유튜브의 알고리즘이 이끄는 대로 이리저리 흘러 다니며 수많은 영상을 봤습니다. 그러나 저는 제가 언제쯤 다시 돌아와야 하는지, 어디로 돌아와야 하는지 한계를 정해놨어요. 인생은 내가 해내야 하는 과제들로 넘쳐납니다. 가끔은 길을 잃어도 괜찮지만, 내가 하지 않으면 아무도 해주지 않는 것들이 분명 있더라고요.

눈앞에 있는 산이 너무 커 보여서 암담하고 막막할 때가 있을 거예요. 산을 넘기 위해 모든 용기를 끌어모아 첫발을 내딛는 건 매우 어려운 일이지요. 하지만 너무 걱정하지는 마세요. 그다음 산을 넘을 때는 조금 쉬워지고, 또 그다음에는 더 많이 쉬워질 테니까요.

.

어디서부터
식이장애일까요?

A.

식이장애, 섭식장애라는 말은 대중에게 널리 알려져 있지 않습니다. 말이 어렵다 보니 겪고 있는 본인도 쉽게 설명하지 못하고, 다른 사람들도 대충은 알지만 구체적으로는 이해하지 못하는 경우가 많죠.

어떻게 하면 좀 더 간단하게 설명할 수 있을까 고민하던 와중에 헬스장에서 한 아주머니가 트레이너에게 한숨 섞인 목소리로 하소연하는 말을 듣고 '이거다!' 했습니다.

"아니, 선생님. 고기를 먹지 말아야 한다고 생각하니까 고기가 더 당기는 거 있죠? 하, 참. 이를 어쩐대요. 살 빼야 하는데."

다이어트로 인한 식이장애를 겪고 있는 분들은 대체로 먹는 것을 무리하게 제한합니다. 어머나, 근데 이게 웬걸! 먹지 말라고 하니 더 먹고 싶고, 머릿속에 먹어서는 안 되는 음식들이 동동 떠다닙니다. 음식에 대한 제한이 많아지다 보면 이에 대한 반작용으로 온종일 음식 생각이 머릿속을 맴돕니다. 먹지 못할 바에 보기나 하자는 마음으로 먹방만 쳐다보고 있고, 누군가 내가 먹고 싶은 과자를 먹고 있으면 신경이 곤두섭니다.

그렇지만 다이어트를 하는 모두가 식이장애의 길로 들어서지는 않습니다. 여름을 맞이해 다이어트를 심하게 하고 먹고 토하는 '먹토'를 시도하다가도 '내가 왜 이러지. 내가 원한 건 이게 아닌데. 이러다 몸 다 망가지겠다' 하면서 금방 제자리로 돌아오는 사람도 많습니다.

하지만 다이어트와 날씬한 몸이 인생에서 큰 부분을 차지하는 경우 식이장애로 넘어가기 쉽습니다. 살이 찌면 내 인생은 실패한 것 같고 날씬해야만 스스로가 가치 있게 여겨지죠. 혹시 여러분도 이런 느낌을 받고 있으신가요?

다이어트에 집착하는 이유는 개인적인 것일 수도 있고, 사회문화적인 것일 수도 있습니다. 내가 받고 싶은 사랑과 인정을 다이어트를 통해 얻고 싶을 수도 있고, 내가 속한 집단(청소년 집단, 예체능 관련 직업군 등)이 날씬한 몸에 큰 가치를 부여하는 경우 소속되고 싶은 마음과 집단의 압력 때문에 다이어트에 몰두할 수도 있습니다. 이처럼 자연스러운 욕구를 엄청나게 제한하면서 다이어트를 할 때 그리고 날씬한 몸에 대한 가치가 삶에서 많은 부분을 차지할 때 식이장애로 빠지기가 쉽습니다.

식이장애 자가 진단 체크리스트

한국형 식사태도 검사Korean version of eating attitude test-26는 1979년 데이비드 가너David M. Garner와 폴 가핑켈Paul E. Garfinkel이 만든 섭식 태도 검사를 한국판으로 번역 및 표준화한 검사입니다. 식이장애 중에서도 거식증적 증상, 다이어트, 날씬함에 대한 집착을 알아보는 데 적합합니다.

식사와 관련된 26개의 문항을 주의 깊게 읽어보세요. 그리고 '가끔 그렇거나 전혀 그렇지 않다'(0점), '자주 그렇다'(1점), '거의 그렇다'(2점), '항상 그렇다'(3점)까지 점수를 매겨주세요.

① 살찌는 것이 두렵다

② 배가 고파도 식사를 하지 않는다.

③ 나는 음식에 집착하고 있다.

④ 억제할 수 없이 폭식을 한 적이 있다.

⑤ 음식을 작은 조각으로 나누어 먹는다.

⑥ 음식의 영양분과 열량을 알고 먹는다.

⑦ 빵, 감자 등 탄수화물이 많은 음식은 특히 피한다.

⑧ 내가 음식을 많이 먹으면 다른 사람들이 좋아하는 것 같다.

⑨ 먹고 난 다음에 토한다.

⑩ 먹고 난 다음 심한 죄책감을 느낀다.

⑪ 좀 더 날씬해져야겠다는 생각을 떨쳐버릴 수 없다.

⑫ 운동을 할 때 운동으로 없어질 열량을 계산하거나 생각한다.

⑬ 남들은 내가 너무 말랐다고 생각한다.

⑭ 내가 너무 살쪘다는 생각을 떨쳐버릴 수 없다.

⑮ 식사 시간이 다른 사람보다 길다.

⑯ 설탕이 든 음식은 피한다.

⑰ 체중 조절을 위해 다이어트용 음식을 먹는다.

⑱ 음식이 나의 인생을 지배한다는 생각이 든다.

⑲ 음식에 대한 조절능력을 과시한다(일부러 자랑함).

⑳ 사람들이 나에게 음식을 먹도록 강요하는 것처럼 느껴진다.

㉑ 음식에 대해 많은 시간과 힘을 쏟는다.

㉒ 단 음식을 먹고 나면 마음이 편치 않다.

㉓ 체중을 줄이기 위해 운동이나 다른 것들을 한다.

㉔ 위가 비어 있다는 느낌이 든다.

㉕ 새로운 기름진 음식을 먹는 것을 즐긴다.

㉖ 식사 후 토하고 싶은 충동을 느낀다.

문항별로 빠짐없이 점수를 매긴 뒤 모든 점수를 합산합니다. 여성은 18점 이상, 남성은 15점 이상이면 이상 식사disordered eating의 경향이 있다고 진단합니다. 여성 22점, 남성 19점 이상이면 식이장애일 가능성이 있다고 보아 전문적인 치료를 권합니다. 심리상담 가이드는 부록을 참고해주세요.

마 음 의　　허 기

Q

.

야식,
어떻게 참아야
할까요?

A.

"밤만 되면 야식이 자꾸만 당기는데 어떻게 참아?"

"너는 밤에 잘 안 먹어?"

주변에서 종종 이런 질문을 합니다. 저는 그때마다 되레 이렇게 물어봐요.

"야식을 왜 참아야 해?"

흔히 '야식 금지', '6시 이후 금식'은 건강한 식습관으로 알려져 있습니다. 하지만 절대적 규칙은 결코 아니에요. 밤에 먹는다고 다 나쁜 것도 아니고, 더 살이 찌는 것도 아닙니다. 음식을 먹고 바로 잠들면 위장에 무리를 줄 수는 있지만요. 저는 거의 매일 저녁식사 이후와 잠들기 전 사이에 간식을 먹습니다. 또 일주일에 한두 번은 밤늦게 귀가해 11시쯤 밥을 차려 먹거나 라면을 끓여 먹기도 해요.

다만 습관적으로 밤에만 많이 먹거나, 통제력을 잃고 허겁지겁 먹거나, 먹고 나서 격하게 후회한다면 건강을 해칠 수 있으니 주의해야 합니다. 문제가 되는 경우는 다음과 같아요.

첫째, 불규칙한 일정 때문에 밤에만 몰아 먹는 경우입니다. 온종일 바빠서 계속 식사를 거르다가 집에 돌아오면 긴장이 풀리면서 왕창 먹는 분들 많죠? 잔뜩 배고플 때 먹다 보니 평소보다 더 많이 먹기 쉬워요. 이 경우 일부러라도 식사를 나눠서 해야 합니다. 아침, 점심은 되도록 잘 챙겨 먹고, 저녁은 꼭 든든하게 드세요. 밤에 안주와 함께 술 한잔하는 것을 낙으로 삼는 분도 있을 거예요. 그렇다면 저녁을 배부르게 먹고 안주는 간식으로 먹는 게 좋아요. 술을 마시기 시작하면 자제력이 떨어지기 때문에 '난 적당히 먹을 수 있어!'라고 생각하는 것은 금물입니다.

둘째, 다이어트 때문에 굶다가 밤만 되면 와르르 무너지는 경우입니다. 이때는 내가 하는 다이어트가 너무 빡세지 않은지 꼭 살펴봐야 해요. 몸이 원하는 만큼의 음식을 먹지 않으면 몸은 계속해서 제발 음식을 먹어달라고 신호를 보냅니다. 다이어트 후 폭식, 폭식 후 심한 운동, 폭식 후 구토를 반복하면 섭식장애로 빠질 가능성이 매우 높아져요. 무리하게 다이어트를 하고 있다면 당장 멈추고, 도움이 필요하다면 전문가를 꼭 찾아주세요.

셋째, 모든 감정을 음식으로 해소하는 경우입니다. 혹

시 이런 말 들어보셨나요?

"그제는 기분 좋아서 한잔, 어제는 화가 나서 한잔, 오늘은 외로워서 한잔한다!"

술에 의존하는 과정을 잘 보여주는 사례죠. 음식도 마찬가지입니다. 물론 음식이 주는 위로는 정말 커요. 사람들과 함께 음식을 먹으며 기쁨을 나누기도 하죠. 그게 잘못되었다는 것은 전혀 아니에요. 다만 앞서 말한 것처럼 모든 순간에 음식을 찾는다면, 음식 중독을 의심해봐야 해요. 감정의 변화는 매우 자연스러운 현상이지만 그걸 모두 음식으로 혼자 해소하는 것은 경계해야 합니다.

매일 저녁 폭식해요

서비스직에 종사하는 진아 씨는 요새 집에 들어가기가 겁납니다. 자꾸만 폭식으로 마무리되는 하루가 끔찍하게 느껴지기 때문이죠. 진아 씨가 일어나서 가장 먼저 하는 생각은 '오늘은 과식하지 말자'입니다. 하지만 퇴근길에 텅 비어 있는 집을 떠올리면 적막감과 공허함이 한꺼번에 밀려옵니다. 그리고 생각합니다.

'나는 오늘 뭘 위해서 이렇게 열심히 살았지? 사람들한

테는 그렇게 웃고 친절하게 대하면서 정작 나 자신은 왜 이렇게 괴롭힐까?'

오늘은 음식이 아닌 다른 것으로 위안을 삼고 싶지만 가족에게도, 친구에게도 힘든 이야기를 하면서 징징거릴 자신은 없습니다. 나만 너무 유난 떠는 게 아닐까 불안하고, 부모님도 힘든데 나까지 짐을 보태는 건 아닐까 걱정됩니다. SNS를 보니 대학 동기들, 고등학교 친구들은 나와 달리 이곳저곳 잘 돌아다니며 행복한 나날을 보내는 것 같습니다.

지하철에서 친구들의 카카오톡 프로필을 몇 번이고 들춰 보다 진아 씨가 선택한 것은 결국 매운 곱창볶음과 소주입니다. 또다시 폭식으로 마무리된 하루를 돌아보며 진아 씨는 의문을 가집니다.

'나만 이렇게 힘들 게 사는 건 아닐 텐데 다른 사람들은 도대체 어디서, 어떻게 외로움을 달래고 있는 걸까?'

외로움이 흡연만큼이나 해롭다고요?

1인 가구가 전체의 약 3분의 1을 차지하고 있는 요즘 외로움은 우리가 느끼는 너무나 당연한 감정이 되었습니다.

여러분도 혹시 '혼자 있는 것 같은', '아무도 나를 이해하지 못할 것 같은'[18] 공허하고 외로운 감정을 자주 느끼시나요?

영국에서는 2018년 1월부터 체육시민사회부 장관이 '외로움 담당 장관Minister for Loneliness'을 겸직하고 있습니다. 국가가 다뤄야 할 정도로 외로움의 파급력이 강력하다는 뜻이겠죠. 하지만 대부분은 외로움이 삶에 얼마나 많은 영향을 미치는지 크게 인식하지 못합니다. 저도 책을 쓰기 위해 여러 연구 결과를 찾아보기 전까지는 외로움에 대해 막연히 생각했을 뿐 구체적으로 어떤 영향을, 얼마큼 주는지는 알지 못했어요.

'주관적으로 외롭다고 느끼는 감정'인 사회적 고립감은 고혈압이나 운동 부족, 비만, 흡연에 버금갈 정도로 건강에 해롭다고 합니다. 또한 사회적 소외감이 비만에 미치는 영향에 대한 연구에 따르면, 사회적 소외감을 느끼게 유도된 참가자들은 '모두가 같이 일하고 싶어 한다'라는 이야기를 전해 들은 참가자들보다 초콜릿 쿠키를 두 배 더 많이 먹었다고 하네요.[19]

사실 이 이야기는 현실과 동떨어진 것이 아닙니다. 식이장애를 주제로 상담을 하다 보면 혼자 살면서 급격히 사람들과 멀어진 경우, 가족들과 함께 살더라도 정서적 유대감이 없는 경우 폭식을 하게 된 사례를 자주 접하곤 합니다.

마음의 허기

그리고 폭식은 대개 집에 혼자 있을 때 또는 방에서 혼자 합니다. 저도 그랬어요. 가족들과 있어도 항상 혼자 있다는 생각이 들었고, 내가 아플 때나 힘들 때 나를 봐주거나 지켜줄 수 없을 거라는 느낌을 많이 받았죠. 외로움이 몰려올 때면 저도 혼자서 폭식하곤 했답니다.

우리가 외로움을 이렇게 고통이라고 느끼는 데는 진화론적인 이유가 있습니다.[20] 어디서 어떤 짐승들이 나타날지 모르고 천재지변이 난무하는 야생에서는 서로 뭉쳐야 안정적인 삶을 영위할 수 있었습니다. 외로움을 고통이라고 느끼는 사람들이 더 많이 살아남아 그 유전자가 후대로 대물림되었죠. 그래서 우리 뇌는 유대감이 없어졌을 때 빨리 다른 사람들과 뭉치고 끈끈한 관계를 유지하라며 '외로움'이라는 신호를 보냅니다. 안전을 위해 당장 대응하라고 독촉하는 비상벨 역할을 하는 거예요.

외로움에 취약한 나, 그리고 우리

여러분은 누군가에게 자신의 힘든 이야기를 꺼내놓으면서 그 자체로 위로받았던 순간이 있으신가요? 저는 매일 반복되는 우울감과 폭식으로 좌절하고 있을 때 한 친구와

성수동 카페에서 대화를 나누다가 저도 모르게 툭 제 이야기를 꺼낸 적이 있습니다. 당시 식이장애에 대한 이야기는 상담사 선생님과 남자친구에게만 했고, 다른 친구들에게는 한 번도 한 적이 없었죠. 그 친구는 지금은 둘도 없이 친한 사이가 되었지만 그때는 몇 번 보지도 않았을 때였어요. 무슨 용기가 났는지 제 속엣말을 털어놓았죠. 그 친구는 덤덤하게 들어주었고 자기도 우울했다는 이야기, 상담을 받는다는 이야기를 해줬습니다.

구체적으로 무슨 말을 어떻게 했는지는 기억나지 않지만 따듯했던 기분, 위로받았다는 느낌은 아직도 잊히지 않습니다. 그리고 이 경험을 계기로 집단상담에서도, 다른 친구들에게도 조금씩 제 힘든 이야기를 꺼내놓기 시작했죠. 이전에는 외로움과 공허함에 몸서리치고, 헛헛한 마음에 빵과 과자를 꾸역꾸역 위장으로 밀어 넣을 때도 저는 제 이야기를 좀처럼 하지 않았습니다. 누군가가 함께해줄 거라는 믿음이 없었으니까요. 그러나 그 한 번의 경험으로 저는 조금씩 사람들에게 마음을 열고 다가갔습니다.

지금 여러분 앞에는 수많은 장애물이 있을 거예요. 언제든지 클릭만 하면 문 앞까지 오는 배달 음식과 누군가를 만나러 나가기에는 너무 피곤하고 찌뿌둥한 나의 몸뚱이, 힘든 이야기를 하면 사람들이 나를 이상하게 보거나 싫어하지는 않을까 하는 걱정, 스스로 해결할 수 있지 않을까 하는 귀찮음과 관성들…, 이 모든 것을 박차고 나가서 단 한 명에게라도 마음을 꺼내 보이면 어떨까요? 부디 주위를 둘러보세요. 우리는 모두 외로움에 취약한, 사람이니까요.

Q
.

배고픈 건지

속상한 건지 모르겠어요

A.

　　　　　여러분은 평소 어떤 감정을 느끼면서 살아가는지 스스로 아시나요? 상담실에 오는 내담자들에게 저는 이런 질문을 자주 던집니다.

"그래서 지금 기분은 어때요?"

"그때는 어떤 마음이었어요?"

그러면 마치 "어느 별에서 오셨어요?"라는 질문을 들은 것처럼 당혹스러운 표정을 지으며 이렇게 말하는 분들이 많습니다.

"기분이요? 잘 모르겠는데요. 그냥 힘들어요."

감정은 참을수록 독이 됩니다

EQEmotional intelligence, 즉 정서지능이 중요하다는 말은 한 번쯤 들어봤을 거예요.[21] 정서지능이란 간단히 말해 자신과 타인의 감정을 알아차리고 구별하는 능력이에요. 이 정서지능은 양육자, 또래 친구들, 사회적 관계 속에서 자연스럽게 발달합니다. 태어나면서부터 자신의 감정을 '속상하다', '슬프다', '화가 난다'라는 단어로 표현하는 사람은 없어요. 장난감을 오빠에게 빼앗겨 울고 있을 때 할머니가 다가와서 "아이고, 우리 ○○ 많이 속상했겠네" 하고 감정을 읽어주고 공감해주면 우리는 자연스럽게 '내가 속상했구나. 내가 힘들 수 있구나' 하고 알게 되는 거죠. 이런 무수한 과정을 거치다 보면 내가 지금 느끼는 이 감정이 분노인지 슬픔인지 심심함인지 기쁨인지 인식할 수 있게 된답니다.

그러나 반대로, 내 감정을 제대로 알아차리기는커녕 자연스럽게 드는 감정을 참으라고, 적절하지 않다고 비난받았다면 어떨까요?

"왜 이렇게 어른스럽지 못하니?"

"참아. 우는 거 아니야."

이런 말을 반복적으로 듣다 보면 우리는 감정을 인식하고 느끼기보다는 억압하게 됩니다.

'아니야. 여기서 분노를 느끼면 안 되지. 그러면 내가 너무 속 좁은 사람이 되는 거야.'

다른 사람으로부터 들었던 말을 이제는 스스로에게 하는 거죠.

마음의 허기

정서지능은 우리가 맺는 모든 관계(부모와 자녀, 연인, 친구, 사회적 관계)는 물론 삶의 질과도 많은 관련이 있습니다. 정서를 명확하게 인식할수록 폭식을 덜 한다는 연구 결과도 있답니다.[22] 내 기분이 어떤지 아는 것만으로도 폭식이 줄어든다니, 이렇게 신기할 수가!

음식은 우리가 힘들 때 분명히 위안이 됩니다. 음식을 먹는 그 순간만큼은 오늘 내가 했던 자잘한 실수들과 나를 지적하던 상사의 표정, 내일 또다시 해야 하는 일들을 떠올리지 않을 수 있어요. 여러분이 힘들 때 음식을 찾았던 건 어쩌면 굉장히 본능적인 것입니다. 그러니 오늘도 퇴근 후에 매운 떡볶이를 잔뜩 시켜 먹고 배가 더부룩해 있다면 '왜 나는 음식에 빠져서 헤어나지 못할까' 하고 자책하지는 말아주세요. 다만 음식 중독에 맞서기 위해 지금부터는 저와 다른 방법을 찾아보면 좋겠어요.

잠시만요, 일단 멈춰보세요

지금 여러분의 사고회로에는 감정과 음식 사이에 매우 강력한 연결고리가 형성되어 있어요. 이 매듭은 매우 본능적이기 때문에 저는 끊어내라고 말하지 않습니다. 다만 느슨하게 만들라고 이야기하죠.

감정과 음식 사이의 매듭을 느슨하게 만들기 위해서는 일단 멈춰서 내 감정을 알아차리는 과정이 매우 중요합니다. 과식하고 싶은 욕구가 들 때 일단 멈춰보는 거죠.

'지금 내가 어떤 마음이지? 오늘 제대로 일을 못했다는 생각에 자괴감이 드는 걸까? 아니면 나는 한다고 했는데 자꾸만 지적을 당해서 속상하고 슬픈 마음일까?'

어릴 때 부모님이 해주기를 바랐던 '마음 읽어주기'를 내가 스스로에게 해보는 거예요. 그리고 내 감정을 어느 정도 인식했다면, 스스로의 상황이나 기분을 낫게 하기 위해 무엇을 할 수 있는지 생각해봅니다.

'상사에게 온종일 시달리고 와서 너무 지친다. 먹는다고 속상한 마음이 달래지는 건 아닐 텐데… 도대체 이 마음을 어떻게 풀어야 하지?'

이에 대비해서 여러분이 좋아할 만한 대체 행동들을 생각해봅니다. 친구에게 전화를 해서 공감을 받을 수도 있고, 취미생활을 즐길 수도 있고, 여유롭게 산책을 하거나 반신욕을 할 수도 있겠죠. 진짜 내 몸과 마음이 원하는 것을 한번 찾아보세요.

이렇게 곰곰이 생각해보고 실천까지 했는데도 결국 음식을 찾게 될 수도 있답니다. 음식만큼 강력한 만족을 주

는 대체 행동을 찾아 감정에 연결시키기까지 매우 많은 시행착오를 겪어야 하니까요. 그러나 폭식 욕구가 마구 들 때 친구나 가족에게 연락해서 해소하는 경험을 하고 그 경험들이 차곡차곡 쌓이면, 음식으로 상황을 해결하려는 것은 결코 내 몸과 마음에 좋지 않다는 것을 자동적으로 배우게 돼요. 그러면 다음에 힘든 상황이 생겼을 때 좀 여유가 생기죠.

'지금 매운 떡볶이를 먹으면 분명 잠깐은 좋을 거야. 근데 먹고 나면 속도 엄청 안 좋고 자책하는 마음에 기분은 더 나빠질 텐데…. 저번처럼 친구에게 연락해볼까?'

좋아요. 이게 바로 매듭이 느슨해지는 과정이랍니다.

혼자 목욕도 해보고 생각도 해보고 일기도 적어보고 술을 마셔봐도 크게 나아지지 않아 다시 음식으로 돌아갈 수도 있어요. 그럴 때는 다른 사람의 위로나 공감이 필요한 건 아닌지 생각해보세요. 혼자 하는 행동은 잠시 스트레스 상황에서 빠져나오게 해주고 주위를 환기시키기에 효과적이지만 정서적 자극이 크지는 않거든요. 오늘은 슬플 때, 기쁠 때, 속상할 때, 억울할 때 꼭 받고 싶었던 공감과 위로를, 정말 받고 싶었던 사람에게 요청해보면 어떨까요? 여러분이 정말 원하는 것은 음식이 아니라 다른 사람의 위로일지도 모르니까요.

마음의 허기

.

엄마와 싸우고 나면

꼭 폭식해요

A
·

     고등학생 우진이는 엄마와 말다툼
을 한 날이면 홀로 과자를 몇 봉지씩 뜯어 먹고 나서야 잠
이 들곤 합니다. 아침이 되면 엄마는 우진이가 왜 과자를
먹었는지는 이해하지 못한 채 바닥에 널브러진 빈 봉지들
을 보며 또다시 잔소리와 비난을 쏟아냅니다.

    "다이어트한다고 비싼 닭가슴살이랑 도시락 같은 거
시켜달라고 할 때는 언제고, 과자를 뭐 이렇게 사다 먹었
어? 이제 PT도 절대 안 시켜줘. 먹고 치우지도 않고 이게
대체 뭐니? 이럴 거면 나가서 혼자 살아!"

    눈 뜨자마자 쏟아지는 엄마의 잔소리 폭격에 우진이는
한 대 맞은 것처럼 얼얼합니다. 그래서 짜증스럽게 꽥 소리
칩니다.

    "어쩌라고! 내가 언제 치워달래? 나 좀 내버려 둬!"

    엄마는 우진이의 태도에 더 화가 나 씩씩대며 엄마한테
말버릇이 그게 뭐냐, 너 같은 딸 필요 없다, 다음부터 돈 주

나 봐라 등등의 레퍼토리를 쏟아냅니다. 우진이는 또다시 떡볶이, 불닭볶음면 등 자극적이고 배부른 음식들을 떠올립니다. 엄마와 싸운 우진이는 도대체 왜 폭식하는 걸까요?

그 무엇보다 아픈 엄마의 말

여러분은 우리의 뇌가 신체적 고통과 심리적 고통을 완벽히 구분할 수 있다고 생각하나요? 미국의 한 연구 결과에 따르면 우리가 두통, 치통, 생리통이 있을 때 먹는 타이레놀(아세트아미노펜)이 심리적 고통을 완화하는 데 도움을 준다고 합니다.[23] 신체적 고통과 정신적 고통을 느끼는 뇌의 부분이 비슷해서 일시적으로 그 부분이 마비되면 심리적 아픔도 함께 완화되는 효과를 볼 수 있는 거예요. 이별의 고통을 '마음이 아프다', '심장이 저린다'라고 하는 것도 비슷한 맥락입니다. 누군가를 마음에서 떠나보낸 경험은 실제로 신체적 통증과 비슷한 아픔을 줄 수 있다는 것이죠.

이와 비슷하게 우리의 뇌는 배가 고프다는 신체적 신호와 마음이 공허하다는 심리적 신호를 쉽게 혼동하곤 합니다. 마음이 공허할 때, 세상에 혼자 있는 기분이 들 때 음식이 더 당기는 건 뚱딴지같은 일이 아니라는 뜻이죠.

그렇다면 우진이는 어떤 마음으로 음식을 찾는 걸까요? 성인이 되고 독립하더라도 부모와의 관계는 타인과 관계를 맺고 살아가는 데 많은 영향을 줍니다. 아직 어른들의 물리적, 심리적 보호가 필요한 청소년의 경우 부모의 말한마디에 영향을 더 많이 받을 수밖에 없죠. 부모님은 나를 세상에 태어나게 해준 존재이며, 가장 처음으로 맺은 중요한 관계니까요.

저는 석사 논문을 통해 부모에게 거절당하고 거부당한다고 인식할수록 자녀의 폭식 행동이 증가한다는 사실을 확인했습니다.[24] 이는 폭식을 '어린 시절에 받지 못한 양육과 위로, 공감적 반영을 음식으로 대체하려는 현상'이라고 분석한 험프리의 연구 결과와도 일치했죠.[25]

우진이의 다이어트는 또래 친구들의 관심을 받고 싶은 마음에서 시작되었습니다. 남들이 하는 대로 곤약밥, 다이어트 도시락, 닭가슴살 등으로 다이어트를 했고, 엄마를 졸라 PT도 받았습니다. 하지만 생각보다 체중 감량은 쉽지 않았죠. 내 존재를 인정받고 싶어서 시작한 다이어트인데 빨리 성과는 나지 않고, 오히려 음식 생각은 더 나고, 한번 먹으면 끝까지 먹게 되니 우진이는 절망스러운 마음이 들었습니다.

그런데 엄마는 우진이가 왜 다이어트를 하는지, 왜 과

자를 더 먹는지, 그러고 나면 얼마나 죄책감이 많이 드는지를 물어보고 걱정하기보다는 단순히 행동에 대한 비난만 늘어놓습니다. 거기다 더해 "나가서 혼자 살아라", "너같은 딸 필요 없다"라는 말을 들으니 우진이는 존재 자체를 거부당했다는 기분이 들어 너무 속상합니다. 안 그래도 친구들에게 내 가치를 증명할 방법을 찾기 위해 먹고 싶은 치킨과 피자를 참아가며 버텼는데, 나를 가장 잘 알 거라고 기대했던 엄마마저 나를 이해 못 한다고 생각하니 세상에서 혼자가 된 기분입니다.

우리 딸이 왜 이럴까요

사실 엄마도 '우진이가 정말 집을 나갔으면 좋겠어서' 한 말은 아닙니다. 다이어트를 시작한 이후로 우진이는 툭하면 짜증을 내고 무슨 말만 해도 신경질을 부리는 데다 남들 다 한다는 PT에 비싼 다이어트 음식까지 시켜달라며 달달 볶으니, 엄마는 뭐 저렇게 유난인가 싶어 마음에 들지 않습니다. 한창 다이어트에 관심이 많을 때이기에 이해는 되지만, 살 뺀다면서 온갖 짜증을 부리다가 빈 과자 봉지들을 널브러뜨린 채 잠든 우진이를 보면 속상함과 화가 뒤

섞여 버럭 소리를 치게 됩니다.

하지만 아직 청소년인 우진이는 엄마가 '내 행동을 싫어하고 거절하는 것'과 '내 존재를 거부하는 것'을 구분하기가 어렵습니다. 엄마 역시 우진이처럼 부모에게 감정을 이해받고 공감받아본 경험이 없기에 우진이가 다이어트를 하는 것이 이해는 되지만 그 마음을 알아줄 여력도, 방법도 알지 못합니다. 이렇게 거부당한 마음은 우진이에게 정서적 공허함과 허기로 다가옵니다. 다이어트 때문에 참아왔던 식욕까지 한꺼번에 터지면서 칼로리 높고 포만감 있는 음식들을 떠올리는 것이죠.

엄마와 싸우고 폭식하는 이유, 이제 아시겠죠? 그럴 때는 자책하지 말고 '내 뇌가 지금 심리적 공허함과 신체적 허기를 구분하지 못하는구나' 하고 생각해주세요. 그리고 엄마에게 정말 듣고 싶었던 "너 힘들구나. 다 괜찮아질 거야"라는 위로의 말을 곁에 있는 사람에게 직접 해달라고 요청해보세요. 상상하는 것보다 훨씬 큰 위안이 될 거예요.

다　이　어　트

Q
.

다이어트는
의지의 문제 아닌가요?

A.

굶거나 음식을 제한하는 다이어트를 한 번이라도 해봤다면 공감할 겁니다. 참아야 한다고 생각할수록 먹고 싶은 음식이 더 떠오르고, 별로 좋아하지도 않는 음식인데 누가 먹고 있으면 괜히 먹고 싶고, 각종 음식 사진과 먹방을 넋 놓고 바라보고, 그러다 조그만 유혹에 와르르 무너져 폭식한 경험들…. 체중 감량은커녕 터진 식욕으로 다이어트 전보다 살이 더 쪄버려 좌절감에 휩싸이는 뻔하디뻔한 결말까지. 왜 식욕은 우리의 굳은 결심을 늘 이기고야 마는 걸까요?

폭식하기 딱 좋은 상태

다이어트를 할 때 식욕이 더 강해지는 이유가 정말 '의지가 약해서'일까요?[26] 미국의 생리학자 앤셀 키스Ancel

다이어트

Keys는 2차 세계대전 당시 미네소타대학교에서 건장한 남성 참가자 36명을 대상으로 실험을 진행했습니다. 처음 3개월 동안은 정상적인 양의 식사를 제공하고, 이후 3개월 동안은 절반 정도의 음식만 주며 일주일에 총 35킬로미터를 걷게 했습니다. 이전까지 체중에 대한 문제가 전혀 없었고 음식에도 별 관심을 안 보였던 참가자들은 어떻게 되었을까요?

신기하게도 이들은 "굶주리는 동안" 음식에 매우 집착하는 모습을 보였다고 합니다. 이들의 대화 주제는 오로지 음식이었고 "음식, 요리와 요리법에 대한 꿈을 꿨다"라고 말할 정도로 먹는 것에 온 관심을 쏟았습니다. 심지어 13명은 실험이 끝나면 요리와 관련된 일을 하고 싶다고 말하기도 했죠. 참가자들은 음식을 아껴두었다가 "침대에서 마치 무슨 의식이라도 치르는 것처럼" 공들여 먹었고, 음식 부스러기라도 남을세라 게걸스럽게 접시를 핥아댔으며, 종일 껌을 씹거나 커피와 차를 들이켜기도 했습니다.

이 '다이어트'의 여운은 실험이 끝난 뒤에도 한동안 이어졌습니다. 참가자들은 원래 먹던 양만큼을 먹어도 만족하지 못했고, 한 참가자는 "배속이 거의 터지겠다 싶을 정도로 욱여넣어서 속이 메스꺼운 지경까지 먹었는데도 여전히 허기를 느낀다"라고 보고했습니다. 우리의 다이어트 경험과 정말 소름 돋게 비슷하지 않나요?

이러한 현상은 뇌와 호르몬의 작용으로 설명이 가능합니다. 음식을 먹는 행위는 몸의 호르몬을 통해 조절됩니다. 배가 고프면 위 점막에서 그렐린과 같은 식욕촉진 호르몬이 분비되고, 이것이 식욕을 조절하는 뇌 시상하부(포만중추)에 도달해 음식을 먹으라는 신호를 보냅니다. 반대로 배가 부르면 내장지방에서 렙틴이라는 호르몬이 분비되어 그만 먹으라는 신호를 보내죠. 이렇게 우리 몸은 자연스러운 신호에 따라 평화롭게 식욕을 조절합니다.

그런데 갑자기, 하루아침에 단호하고도 강압적인 명령이 떨어집니다.

"이제 그만 먹자. 하루에 1,000kcal만 먹는 거야!"

배고프니 음식을 먹으라고 신호를 보내도 '다이어트 의지를 불태우는' 주인이 계속해서 무시하면 우리 몸은 비상체제에 돌입합니다. 신진대사는 감소하고 심장 박동은 느려지고 지방은 축적되는 등 남은 열량을 보존하기 위한 모든 방법을 총동원하죠. 그와 동시에, 음식을 공급하라며 공격적인 태세로 시위를 벌입니다. 다이어트는 몸에 대한 전쟁 선포인 셈이에요.

심지어 우리 뇌는 이제 똑같은 음식을 먹어도 더 큰 쾌감을 느낍니다. 음식 섭취는 뇌의 보상회로와도 관련이 깊어요. 음식을 먹으면 뇌에서 도파민이 분비되어 기분이 좋

아지죠. 그런데 음식을 제한적으로 먹거나 굶는 일이 반복되면 음식을 즐거움으로 인식하는 '쾌감 회로'가 오히려 강하게 발달합니다.[27] 다시 말해 필요한 만큼의 영양분 섭취가 이루어지지 않으면, 우리의 몸은 미친 듯이 음식을 갈망하게 되는 거예요. 그래서 저는 무리한 다이어트를 하는 분들에게 이렇게 말하곤 합니다.

"여러분은 지금 폭식하기 딱 좋은 상태예요!"

독하게 마음먹지 마세요, 제발

거식증이나 폭식증에서 벗어나려면 무엇보다 몸의 자연스러운 신호, 즉 배고픔과 포만감을 되찾는 과정이 필요합니다. 이를 통해 음식에 대한 집착에서 벗어날 수 있기 때문이죠.

"규칙적으로 끼니와 간식을 챙겨 먹고, 먹고 싶은 음식은 종류를 가리지 말고 드세요."

식이장애 상담을 할 때 제가 이런 이야기를 꺼내면 내담자들은 백이면 백 놀란 표정으로 이렇게 말합니다.

"그러면 정말 온종일 먹을 것 같아요. 다이어트할 때는 이것도 먹지 말라고 하고, 저것도 먹지 말라고 하는데….

살이 너무 쪄버리면 어떡하죠?"

물론 식사량을 엄격히 제한해왔던 분들이라면 키스의 실험 결과에서처럼 다시 먹기 시작했을 때 얼마간은 식사량이 예전보다 증가할 수 있습니다. 하지만 저를 비롯한 여러 사람의 경험에 따르면 '이따 저녁에도 먹을 수 있고 내일 아침에도 먹을 수 있다'라는 생각만으로도 '지금 당장 먹어치우겠다'라는 욕구는 확연히 줄어든답니다.

제제와 금지는 필연적으로 저항을 불러일으킵니다. 누군가가 여러분에게 "이제부터 빵과 과자는 먹지 마!"라고 명령했다고 가정해보세요. 여러분은 아마 평소보다 빵과 과자에 대해 더 많이 생각하게 될 것입니다. 시간이 지날수록 빵과 과자에 대한 집착은 더 커질 거고, 심지어 케이크를 우걱우걱 먹는 꿈을 꾸면서 입맛을 다실 수도 있죠.[28] 사람은 무엇이든 다른 사람의 강요나 금지가 아니라 자기 뜻으로 선택하고 통제하고 싶어 합니다. 그래서 선택권을 침해받았다고 느낄 때 강렬히 저항하면서 자유를 회복하려는 동기가 일어나요. 이를 사회심리학에서는 '심리적 반발reactance'이라고 부릅니다. 하지 말라고 하면 갑자기 더 강력하게 하고 싶어지는 이유죠.

우리의 몸과 마음은 제한적인 다이어트를 필사적으로 거부합니다. '독하게 마음먹고 살을 빼려는 시도'는 필연적으로 실패할 수밖에 없죠. 그러니 부디 몸이 필요로 하는 만큼은 충분히 먹어주고, 하지 말라는 것이 너무 많은 다이어트는 피하세요. 규칙이 많을수록 망하기 쉬울 뿐만 아니라 '난 이것도 못 지켰어'와 같은 죄책감과 스트레스를 느끼게 할 테니까요.

저는 누가 다이어트를 하겠다고 하면 되도록 시작조차 하지 말라고 이야기합니다. 건강에 문제가 생겨 식단 관리를 해야 하는 것이 아니라면, 키스의 실험처럼 다이어트 시도 자체가 음식에 대한 집착과 갈망을 불러일으킬 테니까요. 어쩌면 다이어트를 하지 않는 것이 가장 좋은 다이어트가 아닐까 싶습니다.

"선생님, 진짜 신기해요. 공부할 때도, 사람을 만날 때도 온종일 음식 생각만 했는데 이따가도 먹을 수 있고 내일도 먹을 수 있다고 생각하니까 진짜 음식 생각이 확 줄었어요! 예전 같으면 폭식하고도 남았을 상황인데, 이제는 그 음식을 봐도 좀 여유가 생긴달까요?"

Q
.

다이어트가
점점 더 어려워져요

A.

졸업을 앞둔 대학생 현아 씨는 요
새 음식과 다이어트 생각에 파묻혀 살아가고 있습니다. 자
격증 공부를 해야 하는데 아까 먹은 슈크림빵 칼로리를 생
각하느라 집중이 되지 않고, 친구들과 약속이라도 잡을라
치면 칼로리 높은 음식을 먹을 게 두려워 연락하기도 꺼려
집니다. 스물세 살 때부터 다이어트를 꾸준히 해왔지만 처
음에는 분명 이러지 않았습니다. 친구들이 너도나도 살을
뺀다고 했고, 딱히 내세울 것도 없으니 날씬하기라도 하자
는 마음에 시작한 다이어트였습니다.

첫 다이어트는 성공적이었습니다. 저녁을 거의 거르면
서 한 달을 지낸 현아 씨는 성인이 되고 처음으로 체중계에
49라는 숫자가 찍힌 것을 보았습니다. 이후로 웬걸, 친구들
은 어떻게 살을 뺐냐고 계속 물어보며 부러워했고, 학교 동
기들도 전과는 달리 현아 씨에게 관심을 가지는 게 확 느
껴졌습니다. 계속해서 저녁을 쫄쫄 굶어야 했기에 배가 너

무 고팠지만 현아 씨는 그 공복감마저 즐겼습니다. '날씬하면 사람들이 좋아하니까'라고 생각하며 다이어트에 더 몰두했습니다.

그렇게 폭식이 시작되었습니다

사람들의 관심이 사라져갈 즈음 현아 씨는 여느 때처럼 '저녁은 거의 먹지 말자' 다짐하며 친구들을 만났습니다. 그리고 치킨을 시켰는데… 어느 순간 치킨을 허겁지겁 먹고 있는 자신을 발견했습니다. 깜짝 놀라 손에 들려 있던 치킨을 황급히 내려놓았어요. 그러나 이미 목표치보다 훨씬 많이 먹었다는 사실을 깨달았고, 자책감과 후회가 밀려왔습니다.

이때부터 지금까지 현아 씨는 다이어트와 폭식의 굴레에서 벗어나지 못하고 있습니다. 폭식한 다음 날이면 더 독하게 다이어트 계획을 세웠습니다. 처음에는 몇 개월에 한 번이었던 폭식이 점점 잦아졌습니다. 매일매일 다이어트 계획을 세웠지만 금세 무너졌고, 몸무게 숫자 하나에 하루에도 몇 번씩 천국과 지옥을 오갔습니다.

분명 처음에는 마음먹은 대로 살 빼는 게 쉬웠는데 지

금은 음식의 유혹에 쉽게 넘어가버렸고 그런 자신이 한심했습니다. 처음 다이어트를 시작했을 때보다 오히려 살이 더 쪄버려 친구들 앞에 나설 자신도 없습니다. 49kg이었을 때 쏟아지던 관심을 받지 못하는 것은 물론이고, 앞에서는 말하지 않지만 친구든 동기든 '네가 그렇지 뭐' 하고 한심하게 여기는 것만 같습니다.

이제 현아 씨는 예전에 자신을 부러워하던 친구들처럼 날씬한 친구들을 보면 어떻게 살을 뺐는지, 뭘 먹는지, 얼마큼 먹는지를 계속해서 관찰하곤 합니다. 현아 씨에게 필요한 것은 새로운 다이어트 방법일까요?

다이어트가 자기만족 때문이라고요?

현아 씨처럼 반복되는 다이어트와 폭식을 견디다 못해 상담실에 찾아온 분들에게 "왜 다이어트를 하세요?"라고 물어보면 많은 경우 이렇게 답합니다.

"제 만족을 위해서요. 주변에서는 딱히 뭐라고 하지 않는데 저는 제가 지금보다 날씬했으면 좋겠어요."

저는 조용히 고개를 끄덕이며 다시 한번 물어봅니다.

"그래요. 자기만족 때문일 수 있죠. 하지만 무인도에 혼자 산다고 생각해보세요. 그래도 지금처럼 다이어트를 하실 건가요?"

이 질문에는 대부분 쉽게 대답하지 못합니다. 당장은 "그래도 할 것 같은데요"라고 해도 생각이 많아진 얼굴을 하곤 합니다. 곰곰이 되돌아보면 다이어트는 사회에서 인정받기 위해 또는 사랑받기 위해 선택한 수단이라는 결론에 다다르기 때문이죠.

다이어트에 성공했을 때 남들이 부러워하거나 관심을 보이지 않았어도 현아 씨는 다이어트에 몰두했을까요? 사랑과 인정이라는 대가가 있었기에 넘치는 식욕을 애써 무시하고 고통을 참아가며 굶고 의무감에 사로잡힌 운동을 지속했던 것이죠.

여러분도 다이어트를 해본 적 있나요? 혹시 지금도 진행 중인가요? 이 책을 펼친 분이라면 분명 한 번쯤은 해봤거나 하겠다고 마음먹은 적이 있을 거예요. 다이어트하는 사람은 흔하지만 어떤 사람은 몸이 감당할 만큼만 하고 어떤 사람은 현아 씨처럼 일상생활에 지장을 받을 정도로 집착합니다. 어디서 이 차이가 시작되는 걸까요?

사랑받고 싶은데 방법을 모르겠어요

사람은 누구나 인정받고 싶어 합니다. 가족, 친구, 연인과의 관계에서 이 욕구가 충족되면 좋겠지만 관계 안에서 충분히 사랑받기란 생각보다 매우 어렵습니다. 자기 목소리 내는 것을 어려워하는 사람일수록 "나 좀 사랑해줘. 나 사랑받고 싶어!"라고 직접 표현하기 힘들어하죠. 사랑을 받고 싶은데 받을 길이 막혀버리면 사람들은 인정받을 수단을 찾아 나섭니다. 사랑받는 것은 생존의 문제이기에 포기란 있을 수 없어요. 그래서 현아 씨처럼 '내세울 것도 없으니 날씬하기라도 하자는 마음'에서 다이어트를 시작하는 것이죠. 누군가에게는 그것이 공부일 수도, 운동일 수도, 일일 수도 있을 거예요.

그러나 여기서 딜레마가 발생합니다. 다이어트는 공부, 운동, 일과 비슷하게 '혼자서' 열심히 애쓰는 행위거든요. 감이 잘 안 오는 분들을 위해 제가 예를 들어볼게요. 부모님이 사랑받고 싶다면서 갑자기 살을 빼고 공부하고 일에만 매달린다면 여러분은 어떨 것 같나요? 생소한 예시지만, 실은 정말 많은 사람이 이런 식으로 사랑받고 싶은 마음을 표현합니다. 그만큼 관계에서 직접 표현하기가 어렵다는 뜻이겠죠. '아빠가 나한테 관심받고 싶어서 살을 뺀다고? 살 빼고 공부하고 일할 시간에 나랑 같이 시간을 더 보내고 더 많이 이야기하지!'라는 생각이 이제는 드나요? 여러분의 가족, 친구, 애인도 비슷한 마음이지 않을까요?

관계에서 사랑받고 싶어서 시작한 다이어트인데 결국 혼자서 애쓰는 이 아이러니함…. 폭식이 시작되고 음식에 대한 집착이 심해질수록 원인은 들여다볼 겨를도 없이 다이어트만 생각하게 됩니다. 친구들이 앞에서 어떤 이야기를 해도 칼로리 생각만 하고, 외식이 두려워 가족들과의 식사도 거부합니다. 그렇게 혼자 고립되고 점점 관계에서 멀어지죠.

이럴 때는 관계로 나와 마음을 직접 표현해야 합니다. 체중에 상관없이 내가 어떤 모습이든 나를 사랑하고 인정해달라고 요구하고 사랑받는 경험을 해야 다이어트에 대한 집착이 줄어들어요. 여러분도 혹시 일에, 공부에, 다이어트에 몰두하면서 정작 중요한 관계는 나 몰라라 하고 있다면 가만히 한번 생각해보세요. 결국 진짜 원하는 것은 무엇인지를요.

먹고 토하면

살이 안 찔 것 같아요

A

.

제가 너무 좋아해서 몇 번이고 본 드라마 〈청춘시대〉의 정예은은 항상 자신의 몸무게를 신경 쓰고 음식을 먹으면서 죄책감을 느끼는 캐릭터입니다. 친구들과 열심히 떡볶이를 먹다가도 "나 왜 이렇게 많이 먹었어? 미쳤나 봐!" 하면서 화들짝 놀라 포크를 내려놓고, 다이어트 주스를 냉장고에 항상 넣어놓고, 체중을 자주 확인합니다. 먹고 나서 죄책감을 느끼는 이런 모습은 주변에서도 흔히 찾아볼 수 있습니다.

"오늘 많이 먹어서 살찌겠다."

"요새 배 나온 거 같은데 어쩌지?"

"나 요새 살쪄서 다이어트 중이야."

"아니, 살찔까 봐 더 안 먹을래."

여러분도 아마 집에서, 직장에서, 학교에서, 친구들과의 식사 자리에서 누군가 이렇게 말하는 걸 들어본 적이 있을 거예요.

다이어트와 죄책감의 악순환

저 역시 온갖 다이어트를 시도해봤습니다. 고등학생 때는 거의 안 먹었고 재수할 때는 1,000kcal만 먹으려 노력했죠. 대학교에 진학해서 폭식이 시작되자 남의 속도 모르고 체중은 다이어트 전보다 늘었습니다. 그래서 자몽과 달걀, 식빵이 주 식단인 덴마크 다이어트에 도전하기도 했고, 16시간을 굶는 대신 8시간은 자유롭게 먹으라고 해서 혹했던 간헐적 단식도 했어요. 매체에 등장하는 다이어트 방법들은 한 번씩 다 따라 했죠.

당연히 이런 방식의 다이어트는 오래가지 못했습니다. 3일을 꼬박 자몽, 삶은 계란, 식빵만 먹으며 엄격하게 식단을 조절하다가도 다음 날이면 와르르 폭식했고, 어떤 날에는 하루도 못 가 그날 저녁에 과자나 빵을 몰아서 먹기도 했죠. 그럴 때 제가 항상 느꼈던 감정은 죄책감이었습니다. 내가 다 망친 것 같고, 왜 다른 사람들은 다 성공하는데 나는 이거 하나 조절을 못 하나 싶었어요.

다음 날이면 살이 쪘다는 생각에 또다시 엄격하게 식사량을 제한하고, 어쩌다 반나절 또는 하루는 잘 넘어가더라도 어김없이 폭식은 또 찾아오고, 그러면 또다시 죄책감에 빠져 다이어트를 하고…. 이렇게 악순환에 빠져 몇 년을 보냈습니다.

앞서 말한 것처럼 다이어트는 어떻게든 실패할 수밖에 없습니다. 2015년 국민건강영양조사에서 '최근 1년간 본인 의지로 체중 조절을 위해 노력한 적이 있다'라고 응답한 전국 성인 남녀 1,687명을 분석한 결과, 15.4%인 260명만 체중이 감소했다고 합니다.[29] 또 최근 미국심리학회에서 실시한 31개 다이어트 방법에 관한 연구에 따르면, 다이어트를 경험한 3명 중 2명이 다이어트 전보다 오히려 체중이 늘었고 감량한 체중을 유지한 사람은 극소수였으며, 대부분은 체중이 제자리였다고 합니다.[30]

《사상 최고의 다이어트》의 저자 지나 콜라타는 〈뉴스위크〉와의 인터뷰 중 이런 말을 했어요.

"다이어트 시장은 꿈을 판다고 할 수 있어요. 꿈 자체는 잘못된 것이 아니지만 문제는 스스로를 괴롭히기 시작한다는 데 있죠."

반신반의하며 시작한 먹토

상담실을 찾아온 수영 씨는 마른 체형을 선호하는 남자친구의 영향을 받아 처음 다이어트를 시작했다고 합니다. 수영 씨는 살만 빼면 남자친구가 자신을 더 사랑해줄 거라 믿었어요. 먹고 싶은 걸 참아가며 살을 뺐지만 어느 순간부터 자제가 되지 않았고, 저녁에 몰아서 먹기 시작했습니다. 다이어트 전에는 별로 입에도 대지 않았던 과자나 빵, 초콜릿 등을 저녁만 되면 한자리에 앉아 먹어치웠죠.

그렇게 먹고 나면 살이 쪘을 것 같은 마음에, 또 부은 얼굴을 보기가 너무 고통스러워서 남자친구와 가족들에게 "나 살쪘어?", "나 이상해?" 하고 반복해서 물었습니다. 남자친구를 만나기 위해 약속 장소까지 걸어가는 동안 수영 씨는 쇼윈도에 비친 자신의 모습이 너무 뚱뚱해 보여서 아프다는 핑계로 약속을 취소하고 울면서 돌아오기도 했습니다. 사람들이 자신의 부은 얼굴을 보는 게 너무 수치스러웠고, 뚱뚱해진 자신을 보고 남자친구가 실망할까 봐 겁이 났던 거죠.

그러다 어느 날, 다이어트 카페에서 '쉽게 토하는 방법'을 접하게 되었습니다. 처음에는 좀 꺼림칙했지만 "잠깐만 고통을 참으면 살이 덜 찐다"라는 문장이 눈에 확 들어왔어요. 그렇게 반신반의하는 마음으로 시작한 구토에 점점 익숙해졌고, 나중에는 쉽게 토하는 방법을 계산하면서 먹게 되었습니다.

이후로 수영 씨는 5년 동안 먹고 토하기를 반복했습니

다. 처음에는 폭식한 날에만 토했지만 점점 모든 음식이 거북해져서 매 끼니 하게 되었어요. 그렇게 수영 씨는 고립되었습니다. 토하는 걸 들킬까 봐 창피한 마음에 사람도 만나지 않았고, 어쩌다 남자친구와 만나면 화장실에서 몰래 토하고서 아무렇지 않은 척 돌아왔죠.

점점 수영 씨는 자신의 몸이 망가지는 걸 느꼈습니다. 얼굴은 항상 부어 있었고 음식을 씹을 때면 턱관절에 통증이 몰려왔어요. 머리카락도 자꾸만 빠지는 것 같았죠. 토하고 난 밤이면 온갖 감정이 몰려와 울다 지쳐 잠들었습니다. 생리는 멈췄고 온몸에 힘이 하나도 없어 피곤함에 찌든 일상을 반복했죠. 그렇게 수영 씨는 상담실을 찾아왔습니다.

왜 저만 다이어트에 실패하는 걸까요?

다시 규칙적으로 먹기 시작하면서 폭식과 구토의 빈도는 많이 줄었지만, 수영 씨는 상담을 받는 동안에도 늘 저에게 이런 말을 했습니다.

"인스타그램을 보면 다들 날씬하고 예쁘고 다이어트도 다 성공하는데… 저는 너무 한심한 것 같아요. 토하는 것도 한심하고. 저만 의지가 약하고 이상한 걸까요?"

또 이런 말도 자주 했습니다.

"다들 연예인 보면서 부러워하고 좋아하고 닮고 싶어 하지 않나요? 제 주변을 보면 대부분 그러던데요. 사람들은 생각보다 다른 사람의 몸을 신경 쓰지 않는다는 선생님의 말이 머리로는 알겠는데, 확 와닿지는 않아요. 저는 지나가는 사람들 보면서 다리가 두껍다, 뱃살이 많다, 저런 몸매로 어떻게 저런 옷을 입냐, 이런 평가들을 솔직히 머릿속으로 하거든요."

수영 씨는 가족, 남자친구, 저에게 와서 몇 번이고 확인을 받은 뒤에야 무리하게 살을 빼기 위해 더는 토하지 않아도 된다는 사실을 받아들였습니다. 오히려 살을 빼기 위해 자신도 엄청나게 스트레스를 받고 주변 사람들도 피곤하게 하는 것이 서로에게 나쁜 영향을 줄 수 있음을 깨달았죠.

그러나 이후로도 수영 씨는 많이 불안해하곤 했습니다.

"폭토(폭식과 구토)를 안 하니까 건강은 정말 많이 좋아졌고 덜 피곤한데, 아직도 음식을 그대로 소화시킨다는 게 너무 불안해요. 그러면 안 될 것 같고… 금방이라도 살이 확 쪄버릴 것 같아요. 이제 손 넣어서 토하는 게 얼마나 안 좋은지도 알고 토한다고 다 나오는 것도 아니라서 하지 않지만, 먹고 나서 뭐라도 해야 할 것만 같아요."

여전히 "다이어트는 의지의 문제"라고 주장하는 사람

다이어트

들은 살을 빼기 위한 수많은 규칙을 나열하고 이를 지키지 않으면 그 사람의 통제력이 부족한 것처럼 이야기합니다. 탄수화물은 줄이고 단백질은 늘리기, 저녁 식사 이후에는 아무것도 먹지 않기, 아침은 황제처럼 저녁은 거지처럼 먹기, 정크푸드와 밀가루 음식은 절대 금지 등등 규율이 많아질수록 체중을 감량하고픈 사람들이 느끼는 죄의식은 커집니다.

몇몇 다이어트 업체에서는 "3개월 안에 10㎏ 무조건 감량" 이런 타이틀을 내걸고 상품을 판매하며 거의 모든 음식을 제한합니다. 이런 제한이 익숙한 내담자들에게 "식이장애에서 벗어나기 위해서는 종류에 상관없이 음식을 꼬박꼬박 먹어야 해요"라고 말하면 공포에 가까운 불안감을 호소하곤 하죠.

"선생님, 이런 건 절대 먹지 말라고 했어요. 먹으면 안 될 것 같아요."

더 이상 자신을 괴롭히지 말아요

건강에 좋은 음식도 적게 먹으면 몸에 악영향을 미칩니다. 엄격한 식사 제한으로 신체 일부가 제 기능을 못 하

게 된 경우도 많이 봤습니다.

경제적 손실도 발생합니다. 다이어트용 음식을 배달하느라 돈을 쓰고, 폭토용 음식(주로 다이어트할 때는 못 먹는 음식)을 사기 위해 또다시 돈을 엄청나게 쓰죠. 돈이 이중으로 드니 식비가 남들의 2배에서 많게는 10배까지도 나갑니다. 폭식할 음식을 사기 위해 카드빚까지 내는 경우도 있습니다. 저는 이런 분들을 볼 때마다 너무 안타깝습니다. 제가 식이장애 때문에 상담을 받을 때 상담사 선생님도 아마 이런 마음이었겠죠.

저는 폭식하고 토하고 굶고 강박적으로 운동하고 심한 다이어트로 자신을 괴롭히는 것이 단순히 '의지' 때문이라고 생각하지 않습니다. "유난스럽게 다이어트하네"라고 치부하기에는 이런 증상을 겪는 사람이 생각보다 정말 많아요. 많은 사람이 자신의 몸과 마음 그리고 돈까지 탈탈 털어가면서 다이어트에 매달리고 있다면, 그 개인을 탓할 게 아니라 날씬한 몸을 사회가 어떻게 바라보고 어떤 가치를 매기고 있는지 점검할 필요가 있습니다.

혹시 지금 폭식과 폭토, 다이어트 강박에 사로잡혀 있다면 당장 멈추고 도움을 청하시길 바랍니다. 저에게도 여전히 후유증이라고 할 만한 증상들이 존재합니다. 먹토를 반복하는 기간이 길어질수록 관절은 더 약해지고, 체력은

떨어지고, 치아는 손상되고, 소화기관은 망가집니다. 돌이킬 수 없는 흉터가 남아요. 하루빨리 그 악순환에서 벗어나기를 간절히 바랍니다.

왜 다이어트를 시작하면
우울해질까요?

A.

저는 식이장애 상담을 하면서 신기한 경험을 자주 합니다. 몇 개월 또는 몇 년 동안 절식과 폭식을 반복하며 불규칙하게 식사를 해온 분들은 정말, 매우 우울해합니다. 불안하고 위축되어 보일 뿐 아니라 대화를 주고받는 것조차 힘들 때도 있죠. 그러다 상담을 거듭하며 조금씩 안정적으로 식사를 하기 시작하면 신기하리만치 다른 모습을 보입니다. 이 사람이 정말 그 사람이 맞나 싶을 정도로 말을 더 또렷하게 하고, 상호작용도 훨씬 원활해지고 생기 있는 모습을 보여주죠.

이와 비슷한 사례는 일상에서도 흔히 볼 수 있습니다. 영화 속 주인공이 굳게 다이어트를 결심했다고 칩시다. 그 다음 장면에서 주인공은 어떻게 묘사될까요? 감정 기복이 매우 심해져 조그만 일에도 예민하게 화를 내는 모습으로 등장합니다. 그 '조그만 일'이란 길에서 누가 살짝 스치고 지나갔다든가, 일 때문에 점심시간이 5분 정도 늦어졌다든

다이어트

가 하는 것입니다. 전에는 전혀 개의치 않던 것들이죠. 급격히 기력이 떨어지거나 우울하고 멍한 모습도 보일 겁니다.

의지는 호르몬을 이길 수 없어요

저는 이런 제목의 글을 본 적이 있습니다.

"아내가 제발 다이어트를 하지 않았으면 좋겠다."

이유인즉슨 그 이후부터 온갖 히스테리를 부리기 시작하고, 하루에도 몇 번씩 살이 빠지지 않았냐고 묻고, 널뛰는 감정을 주체하지 못하는 아내의 모습을 옆에서 지켜봐야 하기 때문이죠.

이런 모습은 앞에서 소개한 키스의 실험 결과에서도 엿볼 수 있습니다.[31] 건장한 남성 참가자들을 반쯤 굶주린 상태에 빠트리자 그들은 불안과 우울증세를 보이기 시작합니다. 어떤 것에도 집중하기 어려워하고 성격도 내향적으로 바뀌었죠. 참가자 중 두 명은 감정을 격하게 폭발시켰고 실험을 그만두기 위해 손가락 마디를 자른 사람도 있었습니다.

전에는 여성, 데이트 이야기로 밤을 지새우던 참가자들은 실험 기간 동안 데이트에도 흥미를 느끼지 못했고, 손을 잡는 등 접촉하는 행위마저 귀찮아했다고 합니다. 급격한 성욕 저하는 말할 것도 없고요. 어떤 참가자는 부엌에서 알사탕을 훔쳐 먹었고, 또 어떤 참가자는 잡화점에서 의지력을 완전히 상실한 채로 쿠키와 과자, 물러터진 바나나를 허겁지겁 먹어치우기도 했습니다.

저 역시 절식과 폭식을 반복하는 동안 예민함이 폭발했습니다. 식사 후 바로 간식을 뜯는 저에게 엄마가 "좀 쉬었다가 먹어"라고 하자마자 엄청나게 화를 내기도 했고, 엄마가 더 먹으라고 하면 극도로 싫어했으며, 원하지 않는 밥을 차려놓으면 식사를 거부하기도 했어요. (엄마, 미안해요!) 지금은 사람들이 "너는 아무거나 다 먹잖아"라고 할 정도로 먹을 것에 큰 의미를 두지 않는 저인데 말이죠. 저 같은 딸을 둔 분들은 상담실에 와서 이렇게 말하곤 합니다.

"우리 딸이 다이어트를 하더니 진짜 이상해졌어요. 원래는 진짜 착하고 말도 잘 듣고 조잘조잘 이야기도 잘하는 딸이었는데…. 지금은 말 한마디에도 짜증을 내고, 밥 많이 줬다고 그거 가지고 화를 확 내버리니 저도 어찌할 바를 모르겠어요. 딸 앞에만 가면 안절부절못해요. 쟤가 도대체 왜 저러는 걸까요?"

세로토닌은 기분을 조절하는 신경전달물질로, 우리의 식사와 많은 관련이 있습니다. 이 세로토닌의 약 95%는

장에서 만들어지며 뇌를 제외하고 세로토닌이 만들어지는 곳은 장이 유일하다고 합니다. 장내 환경이 우울, 불안, 자폐증 증상과 관련이 있다는 연구 결과는 무엇을 얼마큼 먹는지가 인간의 기분을 좌우한다는 사실을 뒷받침하죠.[32]

세로토닌의 불균형은 '입맛을 떨어뜨려' 먹는 양을 급격히 줄이게 하거나 '무언가에 홀린 듯' 엄청난 양의 식사를 하게 만들기도 합니다. 그래서 우울증을 진단하는 항목에는 '의도하지 않았는데 체중이 눈에 띄게 줄거나 늘었다', '나는 요즘 너무 많이 먹거나 너무 적게 먹는다'라는 내용이 빠지지 않고 등장합니다.

세상에 나쁜 음식은 없다

다이어트를 할 때 불행해지는 이유는 또 있습니다. 세상에는 다이어트와 음식에 관한 정보가 어마어마하게 많습니다. 열량과 영양성분은 당연히 따져야 하고, 살 빼는 데 좋은 음식과 나쁜 음식을 가려야 하며, 언제 먹을지도 고려해야 하죠. 이런 지식이 많아질수록 식사 시간은 점점 고통스러워집니다. 예전에는 별생각 없이 먹던 과자인데 이제는 보기만 해도 칼로리 숫자가 자동으로 머릿속에 떠오르고, 마냥 설레던 치킨의 튀김옷이 공포스럽게 보이기까지 합니다.

심리학자 로진은 "자신이 먹는 음식에 너무 많은 걱정을 하는 것은 건강에 좋지 않을 수 있다"라며 "음식과 관련된 수많은 정보와 금기사항이 퍼지며 부엌에 공포와 불안이 생긴다"라고 경고합니다.[33] 저 역시 건강한 음식만 먹어야 한다는 생각에 사로잡혀 스트레스를 받는 것보다는, 먹고 싶은 음식을 적당히 먹으며 행복하게 사는 것이 건강에 훨씬 이롭다고 생각합니다.

이스라엘 바이츠만 과학연구소Weizmann Institute of Science의 컴퓨터공학자 에란 시걸Eran Segal이 실시한 실험에 따르면 한 참가자는 '당 수치가 낮다고 널리 알려진' 토마토를 먹었을 때 혈당 수치가 급격히 치솟았고, 다른 참가자는 달걀보다 초밥을 먹은 후에 혈당 수치가 더 올랐다고 합니다.[34] 어떤 사람에게 건강한 음식도 다른 사람에게는 그렇지 않을 수 있다는 뜻이죠.

여러분은 오늘 음식과 관련해 어떤 정보를 들으셨나요? 글루텐부터 커피, 프로바이오틱스, 아사이베리, 브라질너트, 아보카도 오일…, 이 음식을 먹어야 살이 빠지고 이 음식은 지방이 많고 이 음식은 항산화 작용이 있어서 좋고 등등…. 그러나 아무리 좋은 음식이어도 나와 맞지 않으면 건강에도, 체중 감량에도 효과가 없다고 하네요. 사람마다 장내 박테리아, 나이와 체질량지수, 운동습관, 생활습관이 모두 다르므로 모두에게 통하는 '다이어트 조언'을 맹신하는 것은 오히려 여러분의 신체 건강과 정신 건강을 해칠 수 있습니다.

저도 예전에는 가리는 음식이 엄청나게 많았습니다. 고구마, 샐러드, 과일, 잡곡밥, 닭가슴살 위주의 식단을 고집했고 '건강에 나쁜 음식'은 죄책감을 느껴가며 조금씩 먹었죠. 과연 제가 건강했을까요? 저는 오히려 그때 생리 주기가 매우 불안정했으며 영양 부족으로 관절이 망가졌고 조금만 활동해도 급격히 피로를 느끼곤 했습니다. 과자도, 빵도, 치킨도, 피자도 가리지 않고 적당히 먹고 있는 요즘이 제일 건강하다고 느껴요. 먹는 즐거움을 되찾은 것은 물론이고요.

함께 행복할 기회를 놓치지 마세요

다이어트를 할 때 느끼는 어려움 중 또 하나는 사람들과의 식사 자리가 점점 불편해진다는 것입니다. 음식에 제약이 많아지면서 식사 약속을 점차 피하게 되고, 사회 활동에도 제한이 많아집니다.

프랑스의 미식가 브리야사바랭은 1825년 《맛의 생리학》에서 "아주 맛있는 음식을 같이 먹으면 부부관계의 행복에 결정적인 영향을 준다"라고 말합니다.[35] 이는 부부를 포함한 가족, 그리고 모든 관계에 적용될 수 있어요. 식사를 거부한다면 행복을 함께할 기회를 놓치는 겁니다. 이는 사람을 외롭고, 고립되게 만들죠.

이처럼 다이어트를 하며 우울해하는 대신 적절하게 먹으면서 체중을 관리할 방법은 없을까요? 브라질 캄피나스 대학교의 연구에 따르면, 적당한 운동은 포만감을 담당하는 신경세포의 신호를 활성화해 식욕 억제 호르몬인 렙틴, 인슐린 등의 분비를 늘린다고 합니다.[36] 운동이 에너지 소모를 유도하는 것 외에도 포만감 자체를 조절해서 음식물 섭취를 억제할 수 있다는 뜻이죠. 억지로 먹는 것을 제한하기보다는 사람들과 어울려 종류에 상관없이 맛있게 먹고, 적당히 운동을 해보는 건 어떨까요?

마른 몸 강박

인 정 욕 구

불   안

II

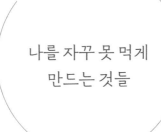

나를 자꾸 못 먹게
만드는 것들

마 른 몸 강 박

제 친구들은
다 말랐어요

A
.

2018년 대한민국 만 20~59세 성인 1,600여 명을 대상으로 한 설문 결과에 따르면, 61.9%가 다이어트 경험이 있거나 현재 다이어트 중이라고 합니다.[37] 그만큼 다이어트는 우리에게 너무나도 일상적이고 보편적인 경험이 되었죠.

여름철이 되면 여기저기서 다이어트 이야기가 들려옵니다. 회사에서도 살을 주제로 이야기꽃을 피우곤 해요. 다이어트는 명절에 모인 가족들 사이에서도 단골 주제입니다. 누가 살이 쪘더라, 누구는 살이 빠졌더라, 다이어트를 어떻게 했더라 등등 몸에 대해 이러쿵저러쿵 평가를 늘어놓습니다. 이런 평가들이 쌓이면서 다이어트는 자연스럽게 하나의 사회적 압력이 됩니다.

마른 몸 강박

#프로아나 #개말라 #함께조이자

청소년의 경우 다이어트 기준이 훨씬 엄격합니다. 혹시 '프로아나', '개말라'라는 말을 들어보셨나요? 프로아나는 찬성을 뜻하는 '프로pro-'와 거식증을 뜻하는 '애너렉시아 anorexia'의 줄임말입니다. 거식증을 옹호하고 선망하는 사람들이 만들어 쓰기 시작한 용어예요. 개말라는 엄청나게 마른 체형을 뜻합니다. 뼈가 보일 정도의 '개말라 인간'을 동경하는 사람들은 SNS에서 "함께 조이자"라는 표현을 쓰면서 극단적인 다이어트 방법들을 공유해요. 이런 경향은 청소년들 사이에서 특히 두드러지게 나타나고 있습니다.

저는 중학교 2학년 때부터 다이어트에 대해 생각했습니다. 직접 다이어트를 하지는 않아도 몸무게나 체형에 관심이 몰린 시기였죠. 어떤 친구는 방학 동안 다이어트 한약으로 살을 10kg가량 빼서 나타나 모두의 관심사가 되기도 했습니다. 너도나도 고민이라며 체중 이야기를 자연스럽게 하기 시작했습니다.

고등학생 때도 상황은 비슷했어요. 한창 앉아서 공부할 시기라 살이 찔 수밖에 없었음에도 몸무게는 항상 저와 친구들의 고민거리였습니다. 살이 쪘다 싶으면 밤에 나가서 운동장을 돌거나 줄넘기를 했고, 다른 친구들과 제 몸을 자주 비교했습니다.

초등학교 6학년부터 중학교 3학년까지는 몸이 확 바뀌는 시기입니다. 교육부에서 2019년 발표한 학생건강검사 표본통계에 따르면, 초등학교 6학년 여학생의 평균 몸무게는 약 46kg, 중학교 3학년 여학생의 평균 몸무게는 약 55kg입니다.[38] 몸무게의 20% 정도가 3년 만에 증가하는 데다 호르몬의 변화로 신체도 급격하게 바뀌다 보니 이때의 아이들은 자신의 몸에 쉽게 적응하지 못합니다. 게다가 주변에서도 갑자기 커버린 아이가 신기하고 생소해서 몸에 대해 이런저런 말을 많이 해요. 아이들은 예전과 다른 자신의 몸을 더더욱 인정하기가 어려워지죠.

그 와중에 아이돌이 온갖 미디어에 등장합니다. 아이돌의 나이는 점점 어려지고 있습니다. 보통 10대 초중반에 준비를 시작해 10대 중후반에 데뷔하죠. 청소년기의 아이들은 자신과 연령대가 비슷한 아이돌을 하나의 기준으로 삼기 시작합니다. 이 시기에는 또래 친구들 사이에 소속되어 인정받고 싶은 욕구가 매우 강해요.

미디어에 등장하는 아이돌의 몸무게는 키와 상관없이 대부분 50kg 미만입니다. 그런데 중학교 1학년 여학생의 평균 몸무게가 50kg이에요. 학생들은 아이돌의 이 비현실적인 몸무게에 자신의 몸을 맞추려 합니다. 안타깝게도 미

디어와 현실을 구분하지 못한 채 아이돌의 미용 체중을 정답으로 받아들이는 것이죠.

SNS도 한몫합니다. SNS를 많이 하는 사람은 그렇지 않은 사람보다 '몸매가 좋은 사람의 사진을 보았을 때' 다이어트를 해야겠다는 생각을 더 많이 하는 것으로 나타났습니다.[39] 연예인뿐만 아니라 인플루언서 같은 일반인도 현실과는 동떨어진 군살 없는 몸매를 강조하다 보니 '나도 이 사람들처럼 다이어트 도시락을 먹어서 살을 빼야 하나?' 하는 불안감이 커집니다. 삶에서 SNS가 차지하는 비중이 클수록 그 세상이 만들어낸 기준을 따라야 한다는 생각을 강하게 하죠.

불안감을 조성하는 다이어트 마케팅

이렇게 다이어트 열풍이 휘몰아치는 사회에서 우리는 어떤 자세를 취해야 할까요? 다이어트는 정말 꼭 해야 하는 걸까요?

지금 시대의 사람들은 대부분 생활에 꼭 필요한 물품을 이미 갖추고 있습니다. 이들을 대상으로 기업이 상품 가치를 창출해내려면 불안감을 조장할 필요가 있죠. 예를 들

마른 몸 강박

어 TV, 세탁기, 냉장고를 이미 가지고 있는 사람들은 그 제품에 대한 필요성을 느끼지 못합니다. 그래서 기업은 기존의 상품에 조금씩 다른 기능을 추가해 '너희가 가진 것과 이 제품은 달라'라는 메시지를 전달합니다. '힙한 사람들이라면 가져야 하는 맞춤형 ○○', '조금 더 편리한 생활을 누리기 위한 ○○' 식의 광고는 그것을 가지지 못하면 멋지지 않고, 남들은 이미 가진 것을 나만 누리지 못하는 듯한 불안함을 느끼게 만듭니다.

다이어트 산업도 마찬가지입니다. 정말 건강상 위험해서 살을 빼야 하는 사람들은 한정되어 있습니다. 그러므로 더 큰 상품 가치를 만들어내려면 모두를 대상으로 '잘 나가는 사람들은 너희보다 날씬하다', '이 시대를 살아가려면 자기관리는 필수지' 하는 불안감을 조성해야 합니다. 그래야 굳이 살을 뺄 필요가 없는 사람들도 다이어트 제품을 사고 미용 서비스를 이용할 테니까요.

그리고 미디어에는 선망할 대상이 넘쳐납니다. 연예인의 몸은 기삿거리가 되어 사람들의 입에 늘 오르내립니다. "허리 20인치 개미허리 인증", "10kg 감량하고 남성미 물씬", "나이 잊은 완벽한 레깅스 몸매로 눈길" 등등…. 연예인의 몸이 '비현실적인' 것은 어찌 보면 너무나 당연합니다. 그들의 몸이 현실적이라면 사람들은 연예인을 보며 위화감을 느끼지도, 선망하지도 않을 거예요.

걸그룹의 멤버로 14년간 다이어트를 해야만 했던 브라운 아이드 걸스의 제아는 유튜브 채널 〈쎈마이웨이〉에서 이런 말을 했습니다.

"사실 연예인 같은 경우는 어떤 보상(화보, 광고 등)이 따르니까 그렇게 다이어트를 할 수 있잖아요. 또 연예인은 단기간에 살을 빼야 하니까. (그걸) 돈으로 따지면 2,000~3,000만 원 정도 깨진 거 같아요. 한 달 반 동안 아무도 안 만나고…. 돈도 들고 시간도 들고 너무 피곤하기도 하고, 평범한 직장인이 회사를 다니면서 이렇게 할 수 있을까요? 전 아니라고 보거든요."

주의! 함부로 따라 하지 마세요

우리에게는 미디어를 비판적으로 바라보는 안목이 필요합니다. 우리는 돈을 벌기 위해 일을 하고, 그러기 위해 온종일 직장에 매여 있어야 하며, 퇴근 후에야 운동을 하러 겨우 나갈 수 있습니다. 그나마도 퇴근이 늦어지면 운동은커녕 쉴 시간도 부족해 스트레스를 음식으로 풀 때도 있죠. 때로는 친구들과 맛있는 음식을 먹거나 술 한잔을 나누며 일상의 고단함을 덜어내야 합니다.

이런 우리와 연예인을 비교하는 것은 말이 안 됩니다. 몸매를 위해 평범한 일상을 포기하고 삼시 세 끼 샐러드 식단을 고수하는 연예인의 삶을, 우리는 절대 따라 할 수 없고 그럴 필요도 없습니다.

다이어트 산업, 엔터테인먼트 산업의 마케팅에 별로 동의하지는 않지만 자본주의 사회에서 수요를 만들어내기 위해 가치를 부여하는 일은 당연하다고 생각합니다. 산업 자체를 무조건 비난할 순 없죠. 하지만 저는 유럽에서 너무 마른 모델을 퇴출시켰던 것처럼 어느 정도의 규제는 필요하다고 생각합니다.

청소년은 특히 미디어에 등장하는 이미지와 현실을 구분하기 어려운 상황에 놓일 수 있습니다. 미디어에서 이미지를 와르르 쏟아내면, 청소년들은 소속감을 얻기 위해서 자연스럽게 이를 따라 해요. 그러다 보면 프로아나, 개말라를 찬양하는 경악할 만한 모습이 나타나곤 합니다.

저는 "요새 애들은 왜 저러냐" 하며 아이들을 탓할 게 아니라 어른들이 어느 정도 가이드라인을 만들어야 한다고 생각합니다. 음식을 극단적으로 제한하거나 폭식하고 토하는 등의 행위는 몸과 마음에 후유증을 남기기 때문이죠. 청소년기에 시작해 성인이 되어서까지 식이장애로 고통받는 사람도 많고요. 저는 저를 비롯해 식이장애 후유증에 시달리는 사람을 많이 봐왔기에 프로아나가 유행처럼 번지는 이 상황이 너무 안타깝고 속상합니다.

마른 몸 강박

또다시 돼지라고
불리고 싶지 않아요

A.

드라마나 영화에 나오는 '날씬하지 않은 여성' 캐릭터들은 대개 불행한 모습으로 그려집니다. 그들은 날씬하지 않아서, 예쁘지 않아서 사람들에게 안타까움을 빙자한 조롱의 대상이 되곤 하죠. 영화 〈미녀는 괴로워〉에서 사람들은 뚱뚱한 한나를 앞에서는 무시하고 뒤에서는 비웃습니다. 드라마 〈내 이름은 김삼순〉의 삼순이와 〈막돼먹은 영애씨〉의 영애에게도 사람들은 꼭 한마디씩 덧붙입니다.

"난 손 못생긴 여자가 싫거든. 이거 족발이야?"

"뚱뚱한 건 딱 질색이야."

동서양을 막론하고 이런 설정은 이어집니다. 영국 드라마 〈마이 매드 팻 다이어리My Mad Fat Diary〉의 주인공 레이는 뚱뚱하다는 이유로 또래 남자아이들 앞에서 대놓고 험한 말을 듣습니다.

"돼지 년. 토 나올 듯."

마른 몸 강박

마찬가지로 '날씬한 기준에서 벗어난' 여자 주인공이 등장하는 미국 영화 〈어쩌다 로맨스Isn't It Romantic〉의 첫 장면은 이런 현실을 냉소적으로 보여줍니다. 줄리아 로버츠가 나오는 로맨틱 코미디에 푹 빠진 어리고 통통한 내털리에게, 엄마는 단호한 어투로 말합니다.

"꿈 깨. 저건 영화일 뿐이야. 우리 같은 여자로는 영화 안 만들어. 왠지 알아? 엄청 슬플 게 뻔하거든. 팝콘에 우울증 약을 뿌려야 할걸. 안 그러면 관객들이 자살할 테니까."

안타깝게도 이 영화와 드라마 속 여성 캐릭터들에게는 이런 힐난이 너무 익숙합니다. 자신도 자신의 삶에 만족하지 못해요. 항상 다이어트에 대해 생각하고, 불만족스러운 삶을 폭식으로 해소하죠. 이들은 늘 잘생기고 인기 많고 심지어 능력도 좋은 '인싸' 남자 주인공을 환상 속에서나마 흠모하고 애달파하는 모습으로 그려집니다. 그리고 이런 장면은 하나의 '개그 코드'로 작동하죠.

걱정을 빙자한 비난과 조롱

자신의 몸에 해를 가하면서까지 다이어트를 하는 내담자들의 이야기를 들어보면, 어렸을 때부터 '표준 체중'을 넘는다는 이유로 받아온 여러 비난과 평가가 다이어트를 시작한 결정적 계기였다고 합니다. 학창시절 버스를 타고 다닐 때 또래 아이들이 "야, 코끼리 지나간다"라고 떠드는 걸 듣기도 했고, 길을 지나는데 누가 "돼지 냄새 난다"라고 한 적도 있다고 합니다.

친척들의 지적과 평가도 큰 몫을 했습니다. "너는 살 좀 빼라. 여자애가 그게 뭐냐?"라는 일말의 죄책감이라곤 없이 인사처럼 건네는 몸에 대한 평가와 "살 좀 빼면 예쁠 텐데 왜 살을 안 빼니?" 같은 걱정을 빙자한 비난이 그녀들의 마음에 차곡차곡 쌓인 것이죠.

"살을 빼면 저런 평가는 안 들을 테니까요."

"나를 놀렸던 아이들에게 살 빠진 내 모습을 여봐란듯이 보여주고 싶었어요…."

뚱뚱한 사람은 마치 조롱거리가 되어도 싸다는 듯, 사람들은 이들을 비난하는 데 거리낌이 없어 보입니다. 실제로 예능과 코미디 프로그램만 봐도 아무렇지 않게 비만한 여성을 타깃으로 개그를 하고, 그들을 깎아내립니다. '사회에서 요구하는 미적 기준에서 벗어난 여성'이 스스로 자신의 몸을 개그 소재로 활용하기도 하죠. 그리고 이런 인식이 우리에겐 너무 익숙합니다. 하지만 곱씹어 생각해보면 이상한 기준이 아닐 수 없습니다. 마치 선과 악이 뚜렷한

마른 몸 강박

것처럼 뚱뚱한 건 '나쁜 것'이 되고 말았으니까요.

《칼로리 앤 코르셋》의 저자인 루이스 폭스크로프트는 이렇게 말합니다.

"우리는 뚱뚱한 것을 혐오한다. 외모의 측면에서 특히 그렇다. 건강의 측면에서 비만을 우려하는 것은 또 다른 문제다."[40]

조금만 생각해봐도 비만한 사람들을 비난하는 이유가 단순히 건강을 걱정하는 마음만은 아니라는 사실을 알 수 있습니다. 뚱뚱한 사람들을 노골적으로 차별하는 이들은 '뚱뚱하다'라는 말을 '가치 없다', '의지가 약하다', '게으르다', '둔하다', '매력적이지 못하다'와 같은 뜻이라고 생각하죠.

대체 누가 만든 혐오일까요?

이는 역사적으로 비만한 몸을 어떻게 봐왔는지와도 관련이 깊습니다. 초기 그리스도교 수행자들은 성욕, 식욕과 같은 육체적 욕망을 부정하고 정복의 대상으로 여겼습니다. 그래서 신체에서 필요로 하는 것 이상으로 먹어서 생긴 지방을 죄악이라고 믿었죠. 유럽에서 13세기 젊은 여성의 사망률이 높았던 건 이러한 그리스도교의 영향을 받아 금식, 절식했기 때문이라는 가설도 존재합니다. 또 18세기 프랑스 시민들은 기근 때문에 죽어가는 자신들과 달리 사치와 허영으로 살찌는 귀족들에게 분노해 프랑스혁명을 일으켰습니다. 당시 비만한 몸은 낭비와 탐욕의 상징처럼 여겨졌죠.[41]

그렇지만 산업화로 식품 생산이 급격히 늘어나기 전까지는 대체로 여성의 '풍만한 몸매'가 주로 아름다움의 척도가 되었습니다. 근대 이전 여성의 역할은 주로 출산과 육아, 가사노동을 잘하는 것이었으므로 잘 먹어서 통통한 몸이 건강하고 출산에도 유리하다고 인식되었죠. 이런 여성상은 르누아르, 렘브란트 등 유명한 서양 화가들의 작품에서도 잘 드러납니다. 우리나라 역시 일제 강점기 즈음 서양 문화가 밀려들기 전까지는 건강하고 풍만한 하체를 여성의 미의 기준으로 삼았습니다. 이는 조선시대 화가 신윤복의 〈미인도〉와 서달진의 〈나부〉라는 작품에서 엿볼 수 있죠.

하지만 산업화가 시작되자 비만은 하층민의 문제로 부각되기 시작합니다. 여기에 더해 다이어트 산업의 산물인 유행 다이어트들이 우후죽순 생겨났고, 패션 시장에서도 마른 몸을 건강하고 아름답다며 추켜세웠어요.

다이어트diet라는 말은 그리스어 '디아이타diaita'에서 유래했는데, 이는 체중감량을 위한 식이요법이 아니라 '건강을 지키기 위한 일련의 생활방식'을 뜻합니다.[42] 하지만 다이어트 산업에서 건강하고 지속 가능한 생활양식은 돈이 되지 않습니다. 그래서 뚱뚱한 사람은 '루저'고 불행하고 둔하며 매력 없다는 이미지를 만들어냈죠. 이제 사람들은 뚱뚱하면 무시당하고 혐오의 대상이 되며 불행한 삶을 살 것이라는 불안감을 느끼며 지갑을 열어젖힙니다.

"다이어트 때문에 운동하는 거 아니에요"

저는 2014년 SBS에서 방영한 〈비만의 역설〉이라는 다큐멘터리를 흥미롭게 봤습니다. '표준 체중 이상'이면 건강에 좋지 않아서 살을 빼야 한다는 것이 통념이지만, 여러 연구를 통해 "과체중도 혈압만 정상이라면 건강할 수 있다"라고 밝혔거든요.[43]

뚱뚱한 사람이 마른 사람보다 오히려 건강하고 사망률도 낮다는 비만의 역설obesity paradox 이론은 1990년대부터 여러 연구에서 등장했지만 여전히 의견은 분분합니다. 하지만 확실한 것은 근육이 부족한 마르고 날씬한 사람보다는 근육이 많은 과체중이 건강상 더 낫다는 사실이에요.

지금도 여전히 미디어에는 뚱뚱한 여성에 대한 부정적

시선이 존재합니다. 그러나 최근 들어 고정적인 이미지를 깨는 여성 캐릭터들이 등장하고 있어요. 코미디언 김민경은 '표준 체중 이상'이지만 "저는 다이어트 때문에 운동하는 거 아니에요"라고 당당하게 이야기합니다. 코미디언 박나래 역시 체구에서 뿜어져 나오는 건강미를 과시하듯 보여주죠.

한 가지 아쉬운 점은, 미디어는 여전히 그들을 다이어트와 연결 지어 프로그램을 만든다는 거예요. 다이어트에 실패하는 모습을 희화화하기도 하고요. 그러나 분명 희망은 있다고 생각합니다. "내가 빛난다면 모두가 빛날 거야. 난 원래 이렇게 태어났어. 노력해서 얻은 게 아냐"라고 외치는 가수 리조Lizzo처럼 자신의 몸이 어떻든 당당하게 매력을 보여주는 사람이 더 많이 등장하기를 기대해봅니다.

엄마가 여자는
평생 자기관리를
해야 한대요

A.

초등학교 교사인 소현 씨는 이틀에 한 번 꼴로 하는 엄마와의 통화가 너무 불편합니다. 통화는 항상 이런 식입니다.

"소현아, 너 그 중학교 때 친구 민지 알지? 걔 엄마가 그러는데 민지 살 엄청 뺐다더라. 병원에서 약 타왔다는데 그게 효과가 있나 봐. 민지는 곧 결혼도 한다는데 넌 살은 좀 뺐냐? 요새도 야식 먹고 그러는 건 아니지? 너도 다이어트 약 좀 먹어볼래?"

엄마는 항상 남들 이야기를 꺼내며 다이어트로 결론짓곤 합니다. 소현 씨는 엄마 이야기에 대꾸할 힘도, 맞받아칠 여력도 없어 대충 다른 주제로 넘어갑니다.

"야식 별로 안 먹어. 먹을 시간도 없고. 요새 학기 말이라 일이 많아서 퇴근이 꽤 늦…."

말이 끝나기도 전에 엄마는 맞받아칩니다.

"그래서 너는 요새 만나는 사람 없어? 야, 막말로 민지

마른 몸 강박

보다 네가 훨씬 나은 조건인데. 초등학교 교사 되기가 얼마나 어렵니! 그래도 결혼하려면 다이어트 좀 해야 해. 뭐 네가 뚱뚱한 건 아닌데, 남들 보기에 썩 날씬한 몸은 아니니까. 소현아, 여자는 평생 자기관리를 해야 하는 거야. 그래야…."

소현 씨는 엄마의 폭격에 넋이 나가고 맙니다. '기-승-전-다이어트'인 엄마와의 통화는 학교에서 온종일 시달린 소현 씨를 또 한 번 지치게 합니다.

엄마의 평생소원대로 초등학교 교사를 한 것부터가 잘못이 아니었을까 하는 후회와 무력감도 듭니다. 소현 씨는 엄마가 정말로 내 인생에 관심이 있는 건지, 아니면 나를 그저 '날씬하고 남 보기 좋은 딸'로 만들고 싶은 건지 궁금합니다. 그러면서도 한편으로는 다시 다이어트를 시작해야 한다는 생각이 스멀스멀 올라옵니다. 소현 씨는 오늘 저녁 샐러드만 먹기로 다짐합니다.

"다 너 생각해서 하는 말이야!"

저는 제 또래의 지인과 상담실을 찾는 딸들에게서 이와 비슷한 이야기를 꽤 듣습니다. 딸의 다이어트, 연애, 결혼,

직업, 통금시간 등을 죄다 관리하고 통제하려는 엄마가 참 많아요. 단순히 "엄마랑 말 안 할래"라고 하기에는, 일생을 육아와 집안일에 헌신한 엄마를 저버리는 것만 같아 죄책감이 올라옵니다.

엄마들은 왜 딸을 통제하고, 간섭하고, 자기 틀에 가두려고 하는 걸까요? 엄마가 막 성인이 되었을 무렵인 1970~1980년대에는 20대 초중반 여성에게 결혼, 출산, 육아라는 의무가 사회적으로 주어졌습니다. 당시에는 대학을 졸업한 직후 또는 취직하고 바로 결혼해서 아이를 낳는 게 당연한 일이었죠. 그리고 평생 아이를 위해 헌신하며 살았습니다. 그런 엄마가 자신과 신체적으로 닮았지만 훨씬 젊은 딸을 보면 어떤 마음이 들까요? 평생 몸 바쳐 키워온 딸이 사회에서 인정받는 예쁘고 날씬한 딸이 된다면, 자신이 희생한 세월을 보상받는 기분이 들 것입니다. 딸을 통해 관심과 인정을 받으며 대리만족을 느끼는 것이죠.

또 엄마는 사랑하는 내 딸이 더 잘됐으면 좋겠다는 마음과 남들보다 뒤처지지는 않을까 걱정하는 마음을 항상 안고 살아갑니다. 그래서 자신이 좋다고 생각하는 방향을 끝없이 권해요. 딸이 참다 못해 "그만 좀 해!"라고 하면 엄마는 이렇게 말합니다.

"다 너 생각해서 하는 말인데! 나 아니면 누가 이런 이야기를 해주니?"

엄마는 나이와 상관없이 딸을 자신의 일부라고 생각합니다. 그러다 보니 '내 딸은 내가 제일 잘 알지'라는 마음으로 딸의 인생에 사사건건 개입하고 간섭하려 합니다. 내 딸의 성취가 마치 내 것인 것처럼, 내가 바르다고 생각하는 방향이 딸에게도 맞는 것처럼 강요합니다. 하지만 딸은 청소년기를 지나면서 이미 자신의 자아를 형성합니다. 딸은 독립된 개체로 존재하는데 엄마는 그 경계를 넘나드는 것이죠. 여기서 엄마와 딸의 충돌이 발생합니다.

엄마는 엄마의 인생을 살아야 해요

그렇다면 딸들은 엄마가 경계를 침범하려고 할 때 어떻게 대처해야 할까요? 엄마가 내 몸, 내 연애, 내 삶에 사사건건 간섭을 하는데 '그래도 엄마니까' 하며 계속 받아주는 것은 둘 중 누구에게도 바람직하지 않습니다. 엄마는 엄마, 나는 나, 내 인생은 내가 결정하고 책임지는 것이 엄마를 위한 방향이기도 합니다. 엄마가 평생 딸의 인생을 책임지고 살아줄 수는 없으니까요.

소현 씨의 엄마가 내세운 모든 기준은 엄마의 기준에서

바라본 성취이자 만족일 뿐 소현 씨의 인생과는 무관합니다. 소현 씨가 엄마의 바람대로 다이어트 약을 먹어가며 살을 빼고 엄마가 보기에 괜찮은 조건의 남편을 만나 결혼한다고 해서 소현 씨가 정말 행복할까요?

더는 엄마가 나를 통해 자신의 만족을 채우도록 내버려두지 않아야 합니다. 그래야 엄마도 엄마의 인생에서 만족을 얻으려고 할 테니까요. 과정은 분명 어렵고 고통스럽겠지만, 모녀간의 정서적 분리는 꼭 필요합니다. 오히려 엄마의 기대를 계속해서 만족시켜 주는 것은 엄마가 딸의 인생을 살도록 두는 무책임한 일입니다.

'그래도 엄마인데 어떻게 매몰차게 버릴 수 있어?'라고 생각할 수 있습니다. 분명히 말하건대, 엄마와의 관계를 끊으라는 것이 아닙니다. 엄마에게 경계는 세우되 엄마가 왜 저런 말을 하는지 이해하고 마음을 받는 연습은 해야 합니다.

엄마에게도 악의는 없습니다. 얼마나 날씬한지, 키는 얼마나 큰지, 어떤 대학교를 나왔는지, 돈을 얼마나 버는지, 무슨 차를 타고 다니는지, 어떤 아파트에 사는지에 따라 사람을 평가해버리는 사회에서 엄마는 자신의 딸이 누구에게도 무시당하지 않기를 바랄 뿐입니다. 엄마도 그런 평가를 평생 받으며 살아왔기에 그 기준에 맞추는 것이 최선이라고 생각하겠죠. 엄마도 한편으로는 비교하고 평가하는

마른 몸 강박

사회의 피해자입니다.

《나는 착한 딸을 그만두기로 했다》라는 책에는 이런 말이 나옵니다.

"엄마에게는 맛있는 음식을 연료 삼아 열심히 투덜거리는 일이 단지 습관일 뿐이다. 언제까지나 딸은 어리고 자신의 테두리 안에 있다는 환상을 보고 싶을 뿐이다. 엄마는 분명, 아무 잘못이 없다. 마찬가지로 나 또한 아무 잘못이 없다."[44]

소현 씨는 엄마에게 단호하게 말해야 합니다.

"엄마, 나는 다이어트하고 싶지 않아. 난 충분히 건강하고 내 몸에 만족해. 더 이상 강요하지 않으면 좋겠어. 엄마가 보는 세상에서는 다이어트와 결혼이 제일 중요하겠지만 나한테는 그렇지 않아. 나는 내가 하고 싶은 일을 하고, 내가 좋아하는 사람들을 만나며 살고 싶어. 나는 내가 날씬하든 말든 상관없이 나를 아껴주는 사람을 만날 거야."

그러나 엄마의 마음만은 알아줄 필요가 있죠. 잊지 말고 꼭 이렇게 말해주세요.

"나를 좋은 방향으로 이끌어주려고 한 거 알아. 나를 사랑하는 엄마의 마음도 충분히 느껴져. 많이 고맙고, 사랑해."

다이어트를 하면

건강해지지 않나요?

A.

다이어트 업체에서는 흔히 이런 말들을 늘어놓습니다.

"당신의 아름다움을 찾아보세요."

"당당하고 자신감 있는, 더 나은 나를 위한 다이어트."

"건강한 습관을 통해 자존감을 높여보세요!"

마치 체중 감량이 자기 자신을 위한 것이며 다이어트가 자신감을 키워주고 심지어 건강하게 만들어줄 것처럼 말하죠. 하지만 다이어트를 한 번이라도 해봤다면, 또는 주위에서 살 빼는 걸 본 적이 있다면 이 말의 허점을 발견할 수 있을 겁니다.

정말 다이어트를 하면 건강해지고, 자신감이 높아질까요? 그 자신감은 얼마나 지속될까요? 왜 대부분의 다이어트는 실패로 끝나고, 오히려 살을 더 찌우는 결과를 가져올까요? 각종 다이어트 식품과 체중 감량 프로그램은 왜 전부 비싼 걸까요?

드라마로도 만들어진 소설 《다이어트랜드》는 뚱뚱하다는 이유 하나로 사람들에게 비난과 무시를 받아 평생을 자기 혐오감에 시달린 여성이 페미니스트 단체를 만나 변화하는 과정을 그립니다. 이 소설에는 다이어트 프로그램의 실상이 적나라하게 그려져 있어요. 체중 감량 클리닉이 어떤 방식으로 사람들을 현혹하고 상술을 '멋지게' 포상하는지 내부자들의 메모를 통해 보여주죠.

"미시간의 뚱뚱한 페미니스트 잡것들이 '네 몸을 사랑하라'는 피켓을 들고 앤아버의 우리 클리닉 밖에서 아직까지 구호를 외치고 있어요. (중략) 건강 어쩌고 하는 우리의 구호로 대응합시다. (중략) 우리가 사망률을 근거로 제시하면 현실에 만족 어쩌고 하는 헛소리로 반박하지 못할 거예요. 의학 전문가를 몇 명 동원해서 언론 홍보를 맡기는 것도 좋겠어요."[45]

건강을 해친 다이어트 약들

한때 유행했던 다이어트 비법들은 그 당시에는 매우 합리적이고 이성적으로 보였지만 사실 황당무계한 것이 많습니다.[46] 심지어 건강에 심각한 악영향을 끼친 방법들도 존재했죠.

1800년대 과체중인 사람들은 다이어트를 위해 비누나 분필 또는 피클을 먹었습니다. 19세기 초 영국 시인 조지 고든 바이런은 며칠씩 식초와 물만 먹고 버티는 체중 감량 비법을 제시해 인기를 끌었죠. 19세기 중후반 프랑스의 의사 장 베르고니는 다이어트를 원하는 남성들을 전류가 흐르는 전기의자에 한 시간씩 앉혀놓기도 했습니다.

지금 우리에게 익숙한 다이어트 요법들은 대개 20세기 초에 만들어졌습니다. 1928년에는 비만 치료법으로 하루에 600~750kcal 섭취를 권장했고, 1938년에는 하루에 400kcal만 먹으라는 권고가 등장하기도 했습니다. 1977년에는 아무것도 안 먹는 극단적인 방식이 유행했지만, 이 비법은 칼륨 부족에 따른 심장 부정맥으로 사람들이 대거 사망하면서 1년 만에 중단되었습니다.[47]

다른 상업적 목적에 의해 다이어트가 조장되기도 했습니다. 담배 회사 아메리칸타바코는 럭키스트라이크Lucky Strike를 판매하며 담배가 다이어트에 도움이 된다고 광고했습니다.

"사탕 대신 럭키스트라이크 한 대를 피우세요."

그 여파로 1940~1950년대에는 미국의 여성 흡연자 수가 급격히 증가했죠. 실제로, 담배 회사인 필립모리스와 아

메리칸타바코에서 담배에 식욕억제제를 넣었다는 사실이 나중에 드러나기도 했습니다.[48]

체중계를 만드는 회사의 계략도 한몫했어요. 1870년대 저울 제조회사들은 음식의 무게를 재는 저울 외에 사람을 위한 체중계를 만들기 시작합니다. 그리고 1차 세계대전 이후 가정용 체중계가 널리 보급되었죠. 집에서 몸무게를 재기 쉬워지면서 사람들은 더욱 다이어트에 관심을 가지게 되었습니다.[49]

"가만히 있어도 남들이 선망할 만한 몸매를 만들어준다"라고 광고한 다이어트 약 시장도 엄청난 관심을 받으며 성장했습니다. 건강에 직격탄을 날릴 만큼 부작용이 강력한 약도 많았어요. 하지만 다이어트에 대한 열망은 그보다 절박했기에 사람들은 위험성에도 불구하고 다이어트 약을 찾았습니다.

20세기 초에는 갑상선기능저하증 알약이, 1950년대에는 변비약이 다이어트 약으로 널리 쓰였습니다. 암페타민 Amphetamine은 각종 부작용 때문에 규제 약물이 되기 전까지 "엄마의 작은 도우미"로 각 가정의 약장에 자리 잡을 만큼 흔히 쓰였어요.[50] 이 외에도 1990년대에 유행했지만 심장 판막 손상을 일으킬 염려가 있어 판매 중지된 펜펜Fen-Phen, 혈압을 높여 뇌졸중을 일으키거나 사망할 위험

이 있어 2004년 판매 중지된 에페드라Ephedra 등 온갖 약
이 사용되었죠. 발암물질인 비소arsenic, 독성물질인 스트
리크닌strychnine, 구토제와 변비약으로 쓰이는 미국자리공
pokeberry 등이 포함된 다이어트 약도 있었습니다.

실패한 다이어트는 소비자의 탓

2016년 한 연구 결과에 따르면 국내 다이어트 시장의
총액은 약 7조 6,000억 원인데 다이어트 의료(체중 감량 수
술, 치료 약) 항목이 그중 4분의 1인 1조 9,000억 원을 차지
한다고 합니다.[51] 적게 먹어도 포만감을 느끼게 만드는 식
욕억제제를 처방받는 경우가 많고요. 그러나 식욕억제제는
체질량지수가 매우 높거나 비만 환자인 경우에만 복용하
는 것이 바람직하며 4주 이내로 단기간 투여해야 안전합니
다.[52] 시간이 지날수록 식욕 억제 효과는 감소하고 의존성
이 높아지기 때문이에요. 또한 장기간 복용할 경우 불면증,
우울증, 면역 기능 저하, 심장 기능 저하 등 부작용이 나타
날 수 있습니다.

그러나 이런 부작용을 명시해도 여전히 사람들은 다이
어트 시술이나 약에 목을 맵니다. 《다이어트랜드》의 주인

공이 "모든 뱁티스트들(다이어트 상품의 소비자들)처럼 나 역시 실패할 수밖에 없는 운명이었지만, 나는 실패의 책임을 나에게 돌렸다"[53]라고 한 것처럼 사람들은 다이어트에 실패해도 이를 자신의 탓으로 돌리며 또 다른 비법을 찾아 헤매요. 그렇게 다이어트 업체들은 돈을 그러모읍니다. 성공한 사례는 광고에 이용하고 실패한 사례는 '의지가 약한 소비자의 탓'으로 돌리죠. 《다이어트랜드》에서 수석 부사장은 다음과 같은 메모를 남깁니다.

"천천히, 꾸준하게 체중을 감량하는 프로그램으로는 새로운 고객을 낚을 수 없어요. (중략) 사람들은 즉각적인 결과를 원하고, 하루 850kcal 식이요법만이 그들이 원하는 결과를 가져다줄 수 있어요. 뱁티스트들은 처음 몇 주 동안 상당한 체중을 감량할 테고, 저울의 숫자가 점점 줄어드는 황홀경에 중독될 겁니다. 이 기세를 유지하지 못하더라도 자기 탓을 할 테고요."[54]

지금 이 순간에도 다이어트 업체들과 미디어는 살만 빼면 인생이 확 핀다며, 체중 감량은 자신을 위한 거라며 환상을 만들어내고 있습니다. 제발 사탕발림에 넘어가지 마세요. 여러분의 다이어트에 인생을 걸지 말아주세요.

"여성 여러분, 다이어트랜드에 오신 것을 환영합니다. 여러분은 더 예뻐져야 하고, 더 날씬해져야 합니다. 살찌는

마른 몸 강박

음식으로 몸을 더럽히지 마세요. 인내하고 복종하세요. 약간의 자기혐오도 도움이 되겠죠. 여러분의 목표는 욕망의 주체가 아니라 욕망의 대상이 되는 것이니까요."《다이어트 랜드》[55]

인 정 욕 구

완벽하게
예쁘고 싶어요

A.

드라마 〈내 아이디는 강남미인〉에 나오는 현수아는 타인의 시선에 모든 것을 거는 캐릭터입니다. 어린 시절 수아는 더럽고 가난하다고 놀림을 받았던 아픈 기억이 있어요. 그러다 어느 날 깨끗하고 단정하게 차려입고 학교에 가자 같은 반 친구들이 관심을 가지며 "너 예쁘다"라고 합니다. 사람들의 관심에 목말라 있었던 수아는 '내가 예쁘고 귀여우면 나한테 관심을 가지는구나' 생각하게 되죠.

이후에도 수아는 사람들에게 인정받으려면 '특정한 모습'이어야 한다는 것을 끝없이 학습합니다. 성인이 되어서도 이 틀에서 벗어나지 못해요. 사랑받으려면 여자로서 여러 가지를 갖춰야만 한다고 믿습니다.

"사랑받기 위해선 예뻐야 하고, 귀여워야 한다. 그러면서 내가 예쁜 걸 알면 안 되고, 고분고분해야 하고, 너무 똑똑해도 안 된다. 항상 웃고, 맞장구쳐주고, 착하고, 상냥

인정욕구

하고…."

　수아는 항상 친구들에게 "나는 먹어도 살 안 쪄. 원래 마른 체질이야" 하고 자랑스럽게 이야기하지만, 실은 살찌지 않기 위해 뒤에서 피나는 노력을 합니다. 다이어트 약을 먹거나 음식을 먹고 토하는 것이 그 노력의 일환이죠. 먹고 토한다는 것은 수아에게 치부고 자신이 쌓은 이미지에 금이 가는 일이었기에 절대 남에게는 들키지 않으려 노력합니다.

　그러다 수아의 이 비밀이 학교에 알려지고, 수아는 좌절해 수업도 들으러 가지 않고 방에만 틀어박힙니다. 이제는 더 이상 사람들에게 "너는 먹어도 살 안 찌네. 부럽다", "넌 타고난 자연 미인이라 더 예쁘고 유니크하지"라는 말을 못 들을 테니까요. 완벽에 가까워서 추앙받고 인정받는 존재가 아니라면 수아는 죽는 것이 낫다고 생각합니다.

"오빠가 60kg 넘으면 여자도 아니래요"

　드라마라 설정이 과장되었다고 생각하나요? 저는 전혀 그렇게 생각하지 않습니다. 한국에서 여성으로 살아온 저는 여태껏 얼굴과 몸매에 대한 평가를 (과장 조금 보태서) 만 번은 들어온 것 같습니다. 내가 원하든 원하지 않든, 평가하는 사람이 나랑 친하든 안 친하든 말이죠. 심지어 모르는 사람도 저를 평가합니다. 이제 '얼평은 무엇이든 안 하는 게 좋다'라는 인식이 퍼져서 많이 줄었다고 하지만, 제 앞에 앉는 분들의 이야기를 듣다 보면 여전히 외모 지적과 평가는 계속되고 있음을 알 수 있습니다.

그렇다면 '누가 봐도 완벽해 보이는' 사람들은 이런 지적이나 평가에서 자유로울까요? 제가 경험한 바로는 아닙니다. 예쁘다는 평가를 많이 들었다는 여성들도 결국은 제 앞에 앉아 자신이 '얼마나 완벽하지 못한지'에 대해 늘어놓습니다. 억장이 무너지는 일이죠.

이런 여성들에게 "자존감 낮은 여자들이나 그렇게 생각하는 거지. 자존감을 좀 높여봐!"라고 하는 건 정말 못난 짓입니다. 평가의 타깃이 된 여성을 오히려 탓하는 거니까요. SNS에는 완벽해 보이는 여성들이 넘치게 존재합니다. 그들은 "가냘프면서 섹시하고 아이를 잘 낳으면서도 동시에 아름다운"[56] 모습들을 보여주죠.

연예인이나 인플루언서에게만 해당하는 말일까요? 상담 시간에 '왜 다이어트를 시작했나'를 주제로 대화를 하다 보면 너 나 할 것 없이 이런 이야기를 합니다.

"학교에서 발표를 하는데 동기든 선후배든 발표에 집중하기보다 제 살이 얼마나 빠졌고 쪘는지에 관심을 가지더라고요."

"고모, 할머니, 할아버지, 외삼촌 할 거 없이 저만 보면 살 빼라고 해요. 여자가 그게 뭐냐고."

"오빠가 60kg 넘으면 여자도 아니래요."

여전히 이런 세상에 여자아이들이 살고 있다니…, 쌍.

예쁘지 않으면 죽을 것처럼

저 역시도 예쁘고 완벽해야 사랑받을 수 있다고 생각하며 살았습니다. 고등학교를 졸업하며 쌍꺼풀 수술을 했고, 소화가 안 될 정도로 꽉 끼는 스키니 바지와 패드가 빵빵한 브래지어를 입으며 몸매 뽐내는 걸 자랑으로 여겼죠.

'예쁘다', '날씬하다', '몸매 좋다'라는 평가를 받기 위해 온갖 노력을 다하며 불안에 떨었고, 평가와 인정이 없으면 허무함을 느꼈습니다. 평가에 너무 익숙해져서, 평가가 싫으면서도 평가가 없으면 존재 가치도 없는 것처럼 느꼈으니까요.

그러다 저는 신선하면서도 충격적인 경험을 했습니다. 누군가는 저를 '관종'이라고 느낄지 몰라도 저는 몸의 라인이 조금이라도 드러나는 옷을 입거나 좀 꾸몄다고 생각한 날에는 목적지에 도착하는 순간까지 불특정 다수의 시선을 느끼곤 했습니다. 대놓고 위아래로 훑어보는 폭력적인 사람들도 존재했고요. 그런데 어느 추운 겨울, 몸을 뒤덮는 롱패딩에 캡모자를 쓰고 지하철을 탔는데 아무도 저를 신경 쓰지 않더군요. 성별도, 나이도 초월한 '그냥 사람'이 된 기분이었습니다. 놀랍게도 자유로웠죠.

그 평가는 틀렸습니다

〈내 아이디는 강남미인〉의 수아는 성형해서 예뻐진 미래가 너무 싫고 밉습니다. 자신이 애써 지켜온 자리를 미래는 성형으로 쉽게 얻어낸 것만 같았거든요. 그래서 선후배들이 미래를 오해하고 욕할 때 미래의 편을 들어주는 척하면서 은근히 그 상황을 즐깁니다.

그러나 수아는 끝까지 미래를 대놓고 싫어하지는 않습니다. 그런 모습을 보이면 사람들이 싫어할 테니까요. 자신은 '예쁘고 날씬하면서도 그걸 얻기 위해 악착같이 애쓰지 않고, 그렇다고 다른 친구들을 시기 질투하지도 않는 고상한 사람'이어야 하니까요. 이런 수아의 모습에 넌덜머리를 내면서도, 사람들의 시선 때문에 인생을 포기한 것처럼 구는 수아가 안타까웠던 미래는 이렇게 말합니다.

인정욕구

"그래. 나 안 예뻐. 나 성형했어. 안 예뻐서 안 행복했어, 니 말대로. 근데 넌 어떤데? 넌 예뻐서 행복해? 행복하냐고. 도대체 왜 이래야 되는 건데. 우리 진짜 왜 이래야 되는 건데. 살찌지도 않았는데 빼고, 토하고, 칼 대고. 예뻐지지 않으면 죽는 것처럼. 얼굴에 급 매기고. 우리끼리 싸우고. 우리 진짜 왜 그래야 돼. 나 진짜 그러기 싫어. 나 이제 진짜 그러기 싫어, 나. 난 이제 내가 어떻게 하면 진짜 행복할지 다시 생각할 거야. 난 그럴 거야."

저 역시 예뻐지지 않으면 존재 가치가 없다고 생각했습니다. 그리고 여전히 제 상담실에는 체중 1, 2kg에 인생을 바치는 사람들이 찾아옵니다. 단언컨대 사회가 잘못한 일입니다. 멀쩡한 사람들에게 말도 안 되는 잣대를 들이밀며 스스로를 잘못되었다고 느끼게 했으니까요.

저는 이런 사회에서도 여성들이 당당하게 살았으면 좋겠고, 행복했으면 좋겠습니다. 그러기 위해서는 정말 행복하기 위해 스스로 무엇을 추구할지 알아야 합니다. 또 여태까지 받았던 무수한 시선과 평가가 사실은 터무니없고 틀린 것이며 저항할 수 있다는 것을 깨달아야 합니다. 저는 이제 완벽해지고 싶지 않습니다. 다른 사람의 지적과 평가에 맞춘 다이어트도 하고 싶지 않습니다. 여러분도 그랬으면 좋겠습니다.

다이어트에 성공해서
칭찬받고 싶어요

A.

여러분은 칭찬이 다 좋다고 생각하나요? 《칭찬은 고래도 춤추게 한다》의 저자인 켄 블랜차드는 결과가 아닌 과정을 칭찬하라고 강조합니다. 결과만을 가지고 칭찬하고 평가하는 것은 오히려 듣는 사람에게 독이 될 수 있기 때문이죠.

저는 중학생 때 영어 학원에 다녔습니다. 수업 전에 항상 단어 시험을 봤는데 반에서 늘 1, 2등을 했어요. "너 잘한다", "맨날 1등이네" 하고 칭찬을 들었죠. 그 순간에는 잠깐 기분이 좋았지만 저는 단어 시험을 준비할 때마다 너무 불안했습니다. 단어를 제대로 못 외웠다는 생각이 드는 날에는 스트레스가 극에 달아 시험을 준비하며 혼자 울기도 했고, 다 맞히고 싶다는 욕심에 몰래 커닝할 때도 있었습니다. 단어의 쓰임새를 제대로 이해했다기보다는 '외워서 답을 맞히는 행위'에 몰두했기에 나중에는 단어 하나도 제대로 기억나지 않았고 커닝했다는 찝찝한 기분만 남았죠. 돌이켜보면 그때 저는 1, 2등이 되지 않으면 아무도 저를 인정해주지 않을까 봐 두려웠던 것 같습니다.

44 사이즈 옷이 딱 맞는 순간

여러분이 다이어트에 몰두했던, 몰두하는 이유도 마찬가지일 거예요. 다이어트는 우리 사회에서 하나의 성취가 되곤 합니다. 사회에서 내세운 기준에 맞게 살을 빼고 나면 흔히들 말하죠.

"야, 너 어떻게 살 뺐어? 나도 너만큼만 빼면 좋겠다."

"넌 어떻게 그렇게 말랐어? 다이어트 안 해도 되겠다."

이렇게 주변에서 너 나 할 것 없이 찬사와 부러움의 시선을 보내곤 합니다. 옷을 사러 갈 때도 마찬가지입니다. 44, 55 사이즈의 옷이 딱 맞을 때 점원들은 마치 금메달을 딴 것처럼 박수갈채를 보냅니다.

"와, 장난 아니시다. 진짜 여기 있는 옷들은 다 고객님 옷이네요."

"너무 잘 맞고, 너무 예뻐요!"

들을 때는 기분 좋은 이런 말들이 나중에는 부메랑이 되어 우리에게 다가옵니다.

인정욕구

저는 초등학생 때는 별생각 없이 아이들과 뛰놀던 아이였습니다. 엄마가 매일 놀이터로 잡으러 올 정도로 싸돌아다니는 걸 좋아했죠. 근데 웬걸, 중학교에 들어갔는데 아빠가 "1등 하면 핸드폰 사 줄게" 하는 말에 바짝 공부를 했어요. 그러고는 덜컥 반에서 1등을 해버렸습니다. 그렇게 저는 '공부 질하는 아이'라는 타이틀을 얻게 되었죠. 선생님, 친구들, 부모님에게 인정받고 싶었던 저는 그때부터 공부를 열심히 했습니다. 그렇게 외국어고등학교에 진학했고, 공부 잘하는 아이들 사이에서 "예쁘다", "날씬하다"라는 칭찬을 들었습니다. 그 타이틀에 완전히 갇혀버렸어요.

저는 날씬하고 공부도 잘하는 모습이어야 사람들이 저를 좋아해주고 알아줄 거라고 생각했습니다. 그래서 고등학교 2학년 때부터는 아예 친구들과 제대로 말도 섞지 않고 공부와 다이어트에 몰두했어요. 꼭두새벽부터 밤늦게까지 제가 한 일이라곤 머리를 싸매며 공부하고 미숫가루와 과일, 밤 등 각종 '다이어트 음식'을 먹는 것뿐이었습니다.

대학교 재수할 때까지 그런 생활을 3년간 반복하다 보니 몸은 몸대로 지쳤고, 허무함만 남았습니다. 당연히 주변에는 친구도 없었죠. 그러다 수능시험 점수도 원하는 만큼 나오지 않자 제 인생이 와르르 무너져내리는 것 같았습니다. 평생 '공부 잘하고 날씬하기까지 한 윤아'라는 타이틀

인정욕구

을 지켜내고 싶었는데 그럴 수 없게 되었으니까요.

그래서 다이어트에 더 몰두했습니다. 근데, 젠장. 다이어트마저 제 욕심대로 되지 않았습니다. 끊임없이 먹고 싶은 음식들을 제한하다 보니 반작용으로 폭식이 시작되었어요. 저는 그사이 대학에 진학했고, 목적도 의미도 상실한 채로 주변 사람들은 바라지도 않던 몸무게를 달성해내기 위해 부단히 노력했습니다. 그러나 한번 시작된 폭식은 걷잡을 수 없었어요. 그럴 때면 내 가치가 떨어진 듯한 기분이 들어 수업도 안 나가며 방황을 했습니다. 그렇게 3년을 더 헤매다가 결국 저는 식이장애 전문 정신과에 가서 상담을 받기 시작했어요.

공부, 다이어트, 일에 몰두하는 사람들

저는 식이장애를 겪는 6년이 넘는 세월 동안 무척 힘들었지만, 그 시간이 없었다면 지금과는 완전히 다른 삶을 살았을 거라고 확신합니다. 상담하면서 저와 비슷한 삶을 살았던, 또는 살고 있는 분을 많이 만나곤 합니다. 오직 인정받기 위한 마음으로 학창시절에는 공부, 성인이 되어서는 다이어트, 그리고 나중에는 일에 몰두하죠.

식이장애 상담을 받고 이후 공부와 상담을 병행하면서 스스로를 무던히 되돌아보는 과정이 없었더라면, 저도 아마 지금쯤 '일 잘하고 자기관리 잘하는 팀장님'이 되기 위해 일과 다이어트에 몰두하다가 주말이면 공허한 마음을 가득 안고 폭식을 했을 거예요.

그래서 지는 이 평가와 칭찬의 늪에서 어떻게 빠져나왔을까요? 식이장애를 공부하기로 다짐한 스물네 살 때 저는 집단상담에 참여했습니다. 처음에는 별로 기대하지 않았어요. 오로지 대학원 진학을 위해 공부와 실습을 해보는 자리라고 생각했죠.

제가 집단원으로 참여했고 지금은 부 리더로 참가하고 있는 집단상담에서는 '솔직한 피드백'을 강조합니다. 밖에서는 예의 차리느라, 남들이 나를 평가할까 봐 두려워서 못한 말들을 서로 터놓고 이야기하면서 소통하는 자리예요. 저는 처음에 당연히 이 집단에서도 사람들이 저를 이리저리 평가하고 훑어보고 판단할 거라고 생각했습니다. 그래서 주눅 들어 있었죠. 집단상담에서조차도 잘하고 싶은 마음이 저를 더 불안하게 만들었으니까요.

그렇게 몇 개월이 흘렀고, 집단원들은 저에게 벽이 느껴진다고 했습니다. 그래서 어느 날에는 정말 마음먹고 체중 강박, 외모 평가에 대한 불안을 털어놓았습니다. 저는 사실 집단원들이 제 몸에 엄청 관심이 많고, 저를 예쁘다고 생각할 줄 알았습니다. 그런 평가가 저에게는 익숙했으니까요. 그러나, 아직도 그 감정이 생생하게 남아 있을 만큼 충격적이고 당황스러운 대답들이 돌아왔습니다.

"그런 생각을 하고 계신 줄은 진짜 몰랐어요. 사실 말도 없고 표정도 뚱해서 관심이 가지 않았거든요."

"몸에 대해서는 별생각 없었는데요?"

정말 솔직히 너무 창피했습니다. 나한테 관심이 없었다니…. 그러면서도 한편으로 안도감이 들었습니다.

'사람들은 나한테 별로 관심이 없구나!'

칭찬받으려고 아득바득 살아온 세월이 억울하기도 했지만, 스스로 만든 왕좌에서 내려온 기분도 들었습니다. 그 이후로 지하철을 탈 때도, 사람들을 대할 때도 마음이 너무 많이 편해졌습니다. 물론 또다시 내가 무언가를 잘해야만 나를 좋아해줄 것 같아 불안해질 때도 있어요. 그럴 때면 주변 사람들에게 "내가 살쪄도, 꾸미지 않아도, 시험을 못 봐도, 일에서 실수를 해도 나를 사랑할 거지?"라고 직접 묻고 확인합니다.

남들보다 뛰어날 필요 없어요

전에는 지하철을 타면 혹시나 사람들이 내 옷에 대해 이상하다고 생각하지는 않을까, 내 몸이 너무 뚱뚱하다고 생각하지는 않을까, 오늘 너무 화장이 이상하다고 뒤에서 수군대지는 않을까 하는 두려움에 신경을 곤두세웠습니다. 온몸이 경직된 채로 서 있었어요. 대학생 때까지도 저는 주목받고 싶고 남들보다 뛰어난 사람이 되고 싶었습니다. 그게 정말 행복한 삶이며 내 가치를 인정받는 길이라고 생각했으니까요. 지금은 그렇지 않습니다. 오히려 사람들의 관심과 주목을 받는 것이 너무나 일상적인 사람들을 보고 있으면 걱정이 많이 됩니다. 실제로 끊임없이 외모로 인정받고 평가받는 연예인, 모델, 무용수 중에는 거식증과 폭식증을 겪는 분들이 많습니다.

저는 여러분이 평범하게 살았으면 좋겠습니다. 남들만큼 일하고 남들만큼 돈 벌고 남들처럼 소소하게 일상에서 행복을 누렸으면 합니다. 내 옆에 있는 사람들과 맛있는 저녁을 먹고 시답지 않은 농담을 하고 사소한 일로 투닥거리는 그곳에서 삶의 의미를 찾았으면 합니다. 우리가 사는 목적은 성적, 체중, 돈에 있는 것이 아니니까요.

인정욕구

언니보다 잘하는 건
다이어트뿐이에요

A.

　　　　　　　예선 씨는 어렸을 때부터 "엄친딸 예진의 동생"으로 불렸습니다. 공부도 잘하고 얼굴도 예쁜 데다가 성격까지 서글서글해서 각종 리더 자리를 도맡았던 언니의 동생이 된다는 것은 꽤나 고통스러운 일이었어요. 두 살 터울인 언니는 항상 사람들의 관심을 받는 데 비해 예선 씨는 그 언저리만 맴돌았죠. 어쩌다 사람들이 예선 씨에게 관심을 보일 때는 "너 예진이 동생이라며?"라는 말을 꼭 덧붙였습니다.

　예선 씨도 언니처럼 공부, 외모, 친구 관계에서 뛰어나고 싶어 부단히 노력했지만 결과는 마음만큼 나지 않았습니다. 공부도, 얼굴도, 성격도 보통인 예선 씨는 '뛰어나지 않으면 아무것도 아니다'라고 생각하며 항상 자신을 채찍질했죠.

　언니가 대학생이 되었을 때 예선 씨는 엄마를 졸라 언니와 함께 PT를 받았습니다. PT를 받으러 간 첫날, 언니한

　　　　　　　　　　　　　　　　　　인정욕구

테는 예쁘다고 하면서 자신한테는 아무 말도 없는 트레이너가 미웠지만 익숙한 마음으로 언니와 함께 운동을 하고 식단을 조절했어요. 그로부터 3개월 후, 예선 씨는 몸무게의 앞자리 숫자가 5에서 4로 바뀐 것을 봤습니다. 언니는 대학교 친구들과 어울려 술도 마시고 맛있는 것도 먹으러 다닌다고 제대로 다이어트에 몰두하지 못했지만, 예선 씨는 식단도 철저하게 지키고 운동에도 재미를 붙여 거의 매일 출석 도장을 찍었어요.

"언니는 그대로인데 예선이는 진짜 살 많이 빠졌네? 몸매는 언니보다 예선이가 훨씬 낫다!"

사람들에게 이런 말을 듣자 예선 씨는 어안이 벙벙했습니다. 난생처음으로 '나도 언니보다 나은 게 있다'라는 생각에 마음이 벅찼고, 언니만을 향하던 스포트라이트가 자신에게도 비치는 것 같았어요.

드디어 언니보다 잘하는 것을 찾았는데…

이때부터 예선 씨는 다이어트에 집착하기 시작합니다. 하루의 시작과 끝이 다이어트가 된 거예요. 아침에 일어나자마자 체중을 확인했고, 어제보다 살이 빠졌으면 안도하고 살이 쪘으면 어떻게 덜 먹을지를 고심했습니다.

아침에는 다이어트용 셰이크를 마셨고, 점심은 급식을 먹되 밥은 반만, 반찬은 채소 위주로 정한 양만큼만 계산해서 먹었어요. 저녁에는 간단하게 고구마와 삶은 달걀을 챙겨 먹고 헬스장으로 향했습니다. 스스로 정한 운동량을 마치고 집에 와서는 다이어트용 샐러드로 하루 식사를 마무리했죠. 모든 것이 완벽한 일과였습니다.

살은 조금씩 더 빠져서 '너무 말랐나?' 싶은 생각도 들었지만 이대로 멈출 수는 없었습니다. 식단 조절을 위해 식구들과 밥도 따로 먹었고, 어쩌다 같이 먹더라도 음식을 따로 차려 먹곤 했어요. 운동과 식단에만 몰두하며 지내다 보니 예선 씨는 친구들과도 점점 소원해졌고 조그만 일에도 예민한 반응을 보였습니다.

"너 다이어트 좀 이제 그만해. 살 너무 빠진 거 같아"라는 언니의 말에 예선 씨는 알겠다고 했지만 별로 와닿지는 않았습니다. 오히려 언니가 괜히 질투 나서 저러나 보다 싶어 가소로운 마음도 들었죠. 뭐든지 힘들이지 않으면서도 잘만 해내는 언니가 너무 부럽고 짜증났는데, 살 빼는 건 예선 씨가 하는 만큼 성과가 눈에 보이고 사람들의 칭찬도 쏟아지니 뿌듯했습니다. 언니가 못 하는 걸 하나쯤은 해내고 싶었는데 그 목표도 이뤘고, 심지어 언니가 나를 질투한

인정욕구

다고 생각하니 짜릿한 기분도 들었습니다.

하지만 기쁨도 잠시, 저녁만 되면 식욕이 폭발해 유튜브로 먹방을 찾아보고 인스타그램으로 맛집 사진을 넋 놓고 보는 게 예선 씨에게 일상이 되었습니다. 이게 맞는 건지 의심도 들었죠. 요새는 공부에 집중도 거의 못 했고 이를 증명이라도 하듯 중간은 가던 등수가 뚝뚝 떨어졌습니다. 그러나 예선 씨는 여기서 멈추고 싶지 않았습니다. 드디어 겨우 언니보다 잘하는 것을 찾았는데, 그래서 내 존재가 마침내 남들 눈에 띄는데… 이 기회를 절대 놓치고 싶지 않았습니다.

우월감과 열등감은 뿌리가 같아요

이제 예선 씨는 날씬함의 기준에서 보면 남들이 부러워할 만한 자리에 있습니다. 부러워하는 시선을 느끼며 우월감을 느낄 수도 있겠죠. 그러나 저는 우월감과 열등감은 종이 한 장 차이라고 생각합니다. 기준을 타인에게 두고 비교하며 느끼는 감정들이니까요. 그 기준에 도달하지 못하면 열등감을 느끼고 기준을 달성하면 우월감을 느낄 거예요. 우월감을 느끼는 동시에 힘겹게 얻어낸 이 왕좌를 언제 박탈당할지 모른다는 두려움이 커질 겁니다. 결국 열등감이든 우월감이든 항상 남의 시선을 의식해야 하므로 필연적으로 불안할 수밖에 없죠.

드라마 〈내 아이디는 강남미인〉의 강미래는 사회에서 정한 미의 기준에서 벗어났다는 이유로 놀림을 당하다 열등감을 극복하기 위해 성형수술을 합니다. 반면에 나혜성은 뛰어난 미모로 어렸을 때부터 엄청난 찬사를 받고, 미모를 권력 삼아 '가장 조건이 좋은 남자'와 결혼합니다. 하지만 불행하죠. 평생 희로애락을 공유해야 하는 반려자를 타인의 기준에 따라 우월감에 취해 선택했으니까요. 나혜성은 이렇게 말합니다.

"좀 안 예쁘게 태어났으면 인생이 훨씬 잘 풀렸을 것 같은 생각이 들어요. 예쁜 꽃, 그때는 그 말이 내 인생을 그렇게 구속할지는 몰랐어요. 예쁘다는 말이 날 존중해주는 건 줄 알고…."

상담을 하다 보면 우월감과 열등감의 뿌리가 같다는 제 말에 이렇게 반박을 하는 분들도 있습니다.

"그래도 저는 우월감을 느끼면서 살아보고 싶어요! 사회에서 정한 기준이라 할지라도 칭찬 많이 받고, 사람들이 좋아해주면 좋은 거 아닌가요? 사람들한테 무시당하면서 열등감을 느끼는 것보다 훨씬 나은 것 같아요."

인정욕구

글쎄요…. 정말 그럴까요?

연극영화학과에 진학했을 때 제가 느꼈던 감정은 열등감이었습니다. 외고에 다닐 때는 부러움의 대상이었던 저는 한순간에 평범한 얼굴로 전락했어요. 누가 봐도 예쁘고 잘생긴 사람들이 많았습니다. 제가 듣던 칭찬은 우습게 느껴질 정도로 외모에 대한 칭찬을 매일, 어딜 가든 듣는 사람들을 봤습니다. 저는 그때 정말 질투가 났고, 열등감을 느꼈습니다. 그러면서 동시에 내가 아는 사람들이 예쁘고 잘생겼다는 사실을 자랑스러워하기도 했죠.

그러나 이런 감정이 조금씩 옅어질 즈음 불안에 떨고 있는 그들을 발견했습니다. 칭찬을 듣기 위해 한 시간씩 눈썹을 그렸다가 지우고 틈날 때마다 거울을 확인하며 자신이 타인에게 어떻게 비칠지 신경 썼습니다. 그들은 자신의 인생을 산다기보다는 '사람들이 바라보는 내 인생'을 사느라 버거워하는 것처럼 보였습니다.

소설 《다이어트랜드》의 베레나 뱁티스트는 엄마가 만든 뱁티스트 다이어트 산업을 전면 비판하면서 이를 바로잡기 위해 나섭니다. 한편 주인공 플럼은 고등학교 2학년 때 아르바이트로 겨우 돈을 모아 뱁티스트 다이어트에 도전했다가 실패하고 각종 다이어트를 시도한 끝에 비만 수술을 결심하죠. 베레나는 합병증의 위험을 무릅쓰고 장기를 다시 배치하는 비만 수술을 결심한 플럼에게 이렇게 말합니다.

"플럼, 그러지 마요. 자기 몸을 그렇게 도축하지 마요. 다시 한번 생각해봐요."[57]

'도축'이라는 단어가 거북하게 들리나요? 우리가 살아가는 세상에서는 키, 몸무게, 학벌, 나이, 외모, 재력 등을 '스펙'이라고 부르며 마치 물건의 조건을 따지듯 사람의 등급을 매기고 서로를 비교합니다. "쟤는 나랑 비슷한 급이야", "쟤는 나보다 훨씬 못 하지" 같은 말을 아무렇지 않게 하죠. 등급을 높이기 위해 장기를 잘라내는 행위를 도축에 비유한 건, 어쩌면 자연스러운 일일 거예요.

"이렇게 입으면 기분이 조크든요"

저 역시 세상의 기준에서 완전히 자유롭지는 않습니다. 비교와 평가를 받아온 저 역시 누군가를 볼 때면 자연스럽게 (입 밖으로 꺼내진 않지만) 평가를 하곤 합니다. TV에 나오는 연예인을 볼 때면 '하루만 저 얼굴로 살아보고 싶다' 생각하기도 하죠. 연애 상대를 만날 때 조건을 이리저리 재기도 하고요. 이 사회에서 살아가는 동안, 아마 조건에서 완전히 자유롭기는 어려울 것입니다.

그러나 저는 조금씩 변화하고 있습니다. 예전에 저는 입을 옷을 고를 때 누군가에게 보이는 것을 제일 중요하게 생각했습니다. '청순하고 여성스러운' 기준에 맞추기 위한 옷을 골라야만 했죠. 신기하게도 오랜 시간을 타인의 기준에 맞추며 지내다 보니, 그때는 마치 나의 선호인양 그런 옷만 눈에 들어왔답니다.

물론 지금도 일할 때는 어떻게 보일까에 더 신경 써서 옷을 입지만, 사회생활 이외의 영역에서는 내 기준을 내세웁니다. 그리고 내가 좋아하는 옷과 사람들이 좋아하는 옷을 놓고 갈등할 때 내가 좋아하는 옷을 더 자주 골라요. 내 기준이란 내가 보기에 예쁘거나 멋있고, 입었을 때 기분 좋게 만들어주는 옷입니다. 그 옷은 찢어진 청바지일 때도 있고, 고상한 원피스일 때도 있고, 몸에 딱 달라붙는 레깅스일 때도 있고, 펑퍼짐한 티셔츠일 때도 있습니다.

그 기준은 누가 세운 것인가요?

저는 상담하면서 가끔 이런 말을 듣습니다.

"선생님은 날씬하잖아요. 그래서 별로 불행하지 않을

것 같고 제 맘도 잘 모를 것 같아요."

세상의 기준에 따르면 저는 마르고 날씬한 것 같습니다. 물론 제 몸에는 남들이 모르는 저만의 고충이 녹아 있죠. 수년간 식이장애를 겪다 보니 위장이 망가져서 매운 음식이나 자극적인 음식을 먹으면 금방 탈이 나곤 합니다. 그래서 소화가 힘든 음식은 되도록 피해요. 또 살을 빼기 위해 애쓸 때는 온갖 음식이 다 먹고 싶더니, 오히려 다이어트를 하지 않자 식욕도 없어졌습니다.

예전이라면 저는 이 몸에 자부심을 가진 채 우월감을 느꼈을 겁니다. 그러면서 불안해했겠죠. 살이 찌지는 않을까 하는 두려움에 자주 딱 맞는 옷을 입어보거나 체중을 재고, 사람들의 말 한마디에 촉각을 곤두세웠을 겁니다.

그러나 저는 이제 우월감을 느끼지 않고, 그러므로 불안하지 않습니다. 저는 매달 생리를 하고(고등학생 때는 거의 하지 않았고 성인이 되어서도 주기가 매우 불규칙했습니다), 일주일에 두 번 필라테스를 하고, 일정을 잘 소화할 정도로 체력을 관리하고 있습니다. 만약 체력이 떨어진다고 느껴지면 살을 찌우기도 할 거예요. 그게 제가 세운 기준이기 때문이죠.

제가 식이장애와 다이어트 강박에서 많이 벗어났다고 느끼는 이유는 살이 빠져서도 아니고 쪄서도 아닙니다. 내가 정말 중요하다고 느끼는 곳에 기준을 두고 있기 때문이에요. 여러분은 어떤 기준에 따라 살아가고 있나요? 그 기준은 누가 세운 것인가요?

불   안

저는 불안해지면

다이어트를 해요

A.

저는 '불안'에 있어서는 둘째가라면 서러울 정도로 불안을 많이 느끼는 사람입니다. 일곱살 때는 엄마가 나가서 집에 돌아올 때까지 '엄마가 돌아오지 않으면 어떡하지?' 걱정하며 하염없이 창밖을 보곤했습니다. 아파트 단지 안에서 길을 잃고는 '집을 영원히못 찾아가면 어떡하지?' 하며 덜덜 떤 적도 있어요. 저는걱정스러운 상황이 닥치면 항상 최악을 떠올립니다. 대부분 현실에서는 일어나지 않을 일을 미리 걱정하는 것이죠.

제가 중학생일 때 집에 불이 난 적이 있습니다. 집에 아무도 없었을 때 벌어진 일이라 다친 사람은 없었지만 저는굉장히 놀랐어요. 그 때문에 친구네 집에서 꼬박 며칠을몸살로 누워 있었습니다. 집에 불이 나면 현실적으로 어떻게 처리해야 하는지 전혀 몰랐기에 혼자 수많은 생각과 걱정에 휩싸여 불안해했죠.

저의 불안 스토리는 끝도 없습니다. 저는 주로 미래, 돈,

연애에 대한 걱정을 했어요. 걱정이 휘몰아치는 날이면 꿈도 꾸었어요. 수능시험 날 준비가 다 안 된 채로 시험장에 가면서 진땀을 흘린다든지, 결혼식 날 웨딩드레스 준비가 안 되어서 이리저리 뛰어다니는 꿈들이었죠. 꿈에서 마냥 무언가에 쫓기다가 깬 적도 많았습니다. 수능시험 날에는 하도 긴장을 해서 혹시 실수할까 봐 생리대를 한 채로 시험장에 들어가기도 했답니다.

유난히 다이어트가 하고 싶어지는 날

이렇게 불안이라는 감정이 강한 저는, 인생이 제대로 풀리지 않을 때면 꼭 통제할 무언가를 찾곤 합니다. 청소나 정리정돈을 할 때도 있고 할 일을 만들어내기도 합니다. 남들보다 뒤처지는 느낌이 들 때면 불현듯 영어 공부를 더 하기도 하고, 모은 돈이 얼마인지 계속 확인하기도 합니다.

한때는 식단을 조절하고 체중을 관리하며 통제감을 느끼기도 했어요. 저는 불안해지면 뜬금없이 다이어트를 했습니다. 그 뜬금없음이란 이런 상황이죠. 일 때문에 바빠진 애인을 보며 저는 관계가 소원해지고 멀어질 것 같아 불안감을 느꼈습니다.

'나를 이제 별로 좋아하지 않는 건가? 나의 어떤 부분이 혹시 불만족스러운가?'

혼자 상상의 나래를 펼치며 그 나름의 이유를 찾으려 노력했죠. 이유가 있어야 내가 고칠 수 있고, 그래야 불안이 조금은 가라앉을 테니까요. 혼자 골머리를 썩이고 있을 때 애인이 "나는 아이유처럼 마른 게 좋아"라고 했던 말이 뇌리를 스치고 지나갔습니다. '이거다!' 싶었어요.

저는 그렇게 다이어트 계획을 짰습니다. 오늘은 어떻게 먹고, 내일은 어떻게 먹고… 불안해서 텅 빈 마음을 체중 감량으로 채워 넣으려 한 거예요. 아마 저와 비슷한 마음으로 다이어트를 시작하는 분이 많을 겁니다.

커리어우먼이 되기 위해

5년 차 직장인 혜연 씨는 자꾸만 조급한 마음이 듭니다. 취업을 준비할 때는 대리쯤 되면 당연히 능숙하게 일하고, 실수는 거의 하지 않고, 동료들에게 할 말은 하는 멋진 직장인이 될 거라 생각했습니다. 하지만 현실은 초라합니다. 오늘도 팀장의 말을 잘못 알아듣고 실수를 연발해서 야근을 해야 하는 상황에 이르렀죠.

팀장의 한숨소리에 마음이 쿵 하고 가라앉습니다. 옆자리의 박 대리는 알아서 척척 잘하는 것 같아 더욱 불안해집니다. 자신과 입사 동기인 박 대리는 사회생활도 더 잘하는 것 같습니다. 실수하더라도 의기소침하지 않고, 잘못을 빠르게 인정하고 유들유들하게 사과도 잘합니다. 동기들은 물론 후배들에게도 친근하게 다가가서 회사에서 평판도 좋아요. 혜연 씨도 그렇게 하고 싶지만, 사람들 앞에 서면 괜히 말을 신중하게 고르느라 쭈뼛대기 바쁩니다.

공허하게 컴퓨터만 두드리다가 혜연 씨는 아까 점심시간에 나눈 대화를 떠올려 봅니다. 옆 팀의 대리가 요새 체중 관리를 하고 있다며 다이어트 이야기를 꺼냈어요.

"이제 여름인데, 다이어트 좀 해야 할 거 같아. 아, 진짜 살이 한 번에 확 빠지는 약이 있으면 좋겠다. 박 대리는 다이어트 안 해도 돼서 좋겠다. 송 대리(혜연 씨) 같이 할래?"

아까는 별생각 없이 끄덕였지만 불현듯 다이어트가 하나의 돌파구처럼 느껴집니다. 혜연 씨는 체중 감량만 제대로 하면 고구마 백 개는 먹은 것 같은 이 답답한 마음과 불안감이 '짠' 하고 해소될 것 같습니다. 50kg이 되면 생각만큼 태가 살지 않아 처박아두었던 오피스룩도 입을 수 있을 것 같고, 상상만 해온 커리어우먼의 모습을 완성할 수 있을 것만 같습니다.

공허한 기분이 갑자기 사라지는 것을 느끼며 혜연 씨는 다이어트 도시락을 남몰래 주문합니다. 이따 퇴근길에는 집 앞의 필라테스 센터도 가볼 예정입니다. 벌써부터 달라진 내가 된 것만 같아 설레기까지 합니다.

불안한 이유를 찾아야 해요

애인이 떠날까 봐 불안한 저, 일을 잘 해내고 있는지 혼란스러운 혜연 씨, 이 둘은 결국 다이어트를 통해 불안을 극복하고 오래오래 행복하게 살았을까요? 그럴 리가요. 불안은 그대로 남았고, 다이어트의 실패는 더 큰 좌절감만 가져다주었습니다. 불안은 다른 것으로 메우려고 하면 할수록 마치 약 올리는 듯 조금씩 나를 더 옥죕니다. 그럼 저는 어떤 방식으로 불안을 해소하고 있을까요?

첫째, 당연한 말처럼 들릴지 몰라도 불안을 마주하는 것이 정말 중요합니다. 내 불안의 이유를 알고 받아들이는 것이 무엇보다 도움이 돼요. 제 인생에서 불안이 가장 최고조에 달했을 때 저는 제대로 잠들지도 못했습니다. 두려움에 사로잡힌 채 뜬눈으로 밤을 지새우곤 했죠. 그럴 때의 불안은 실체가 없었습니다. 어떤 날은 갑자기 우리 집에 누군가 침입해오지 않을까 하는 막연한 공포였고, 어떤 날은 내 인생이 송두리째 망할 것 같은 안절부절못하는 느낌이었죠.

심리상담을 받고 심리학을 공부하면서 내 불안의 실체를 알게 되자 예전만큼 아무것도 못 할 정도로 초조하다든가 강박적으로 무언가를 하지는 않게 되었습니다. 살을 빼고 싶어지거나 영어 공부를 해야 한다는 압박감에 잠이 오지 않을 때면 저는 스스로에게 이런 질문을 합니다.

"너 또 불안한 것 같아. 이유가 뭘까?"

골똘히 되짚어보면 돈이 생각만큼 모이지 않아서일 때도 있고, 일이 원하는 대로 풀리지 않아서일 때도 있고, 애인과의 관계가 전과 다르게 느껴져서일 때도 있습니다. 누군가와의 비교로 질투가 나서일 때도 있고요. 이렇게 내 불안의 이유를 알고 그 불안을 오롯이 마주하는 것이 필요합니다.

둘째, 나를 불안하게 만드는 그 상황을 정면으로 돌파해보세요. 애인이 전과 달리 소원해 보일 때 '이 사람은 내가 날씬하면 나를 더 좋아해줄 거야'라고 혼자 추측하기보다는 상대방에게 직접 물어보는 거죠.

"나는 요새 네가 나를 덜 좋아하는 것 같아서 불안하고 무서워. 네 마음은 어때?"

혜연 씨의 경우 자신이 이루고 싶은 모습이 얼마나 현실적인지 점검할 필요가 있습니다. 야근하지 않아도 될 만큼 완벽하게 제 일을 해내는 '멋진 직장인'은 혜연 씨가 그린 이상향일 뿐 현실과는 거리가 멀죠. 사실 옆에 앉은 박대리 역시 실수투성일 수 있고 야근도 종종 하며 혜연 씨가 보는 것만큼 자신만만하지 않을 수도 있습니다. 그도 혜연 씨만큼 안절부절못하는 마음을 가지고 있을 수 있죠.

저는 불안할수록 옆에 있는 사람에게 적극적으로 물어보라고 말합니다. 사람은 대개 불안할수록 혼자만의 세계에 빠져서 '나만 불안하다고 생각하면서 더 불안해지는' 악순환에 빠지기 때문이죠. 옆에 있는 사람도 나만큼 힘들어한다는 걸 알고 나면 마음이 꽤 편해진답니다.

저는 아마 앞으로도 계속해서 불안을 느낄 겁니다. 강박적 행동을 반복할 때도 있을 거고, 뭐든지 통제하고 싶은 욕구가 올라오기도 하겠죠. 그러나 불안의 근원이 무엇인지 알고 받아들인 뒤에 조금 도피하는 것과, 자신이 불안한지도 모른 채로 다이어트에 빠지는 것은 정말 큰 차이가 있습니다. 여러분도 혹시 범람하는 다이어트 광고에 유난히 혹하는 날이 있다면 다시 한번 생각해보세요. 나는 오늘 무엇 때문에 불안한 걸까요?

.

운동은 많이 할수록
좋지 않나요?

적절한 운동은 스트레스를 해소하는 좋은 대안 행동입니다. 스트레칭과 요가 동작들은 불안감을 감소시켜주고 몸을 이완하는 데 도움이 돼요. 안절부절못하고 초조할 때, 갑자기 너무 큰 불안감에 휩싸일 때, 머리 꼭대기까지 화가 치밀어 오를 때 크게 심호흡을 하고, 명상을 하고, 목욕을 하고, 따듯한 차를 마시는 것과 같은 효과를 볼 수 있죠. 또한 적절한 양의 운동은 몸의 균형을 바로 세워주고 몸과 마음에 활력을 불어넣기 때문에 우리를 스트레스에 덜 취약한 상태로 만들 수 있어요.

하지만 다이어트 강박이나 폭식에 대한 보상심리로 무리하게 운동을 한다면 이야기가 달라집니다. 여기서 '무리하게' 한다는 것은 내 관절이 다치고 몸이 힘든데도 계속해서 하는 거예요. 음식을 먹고 토하는 것과 마찬가지로 강박적 운동을 반복하다 보면 어느 순간 내가 통제하기가 어려워집니다.

불안

"손을 안 씻으면 인생이 망할 것 같아요"

왜 이렇게 강박적으로 운동을 하는지 혹시 생각해본 적 있나요? 강박적 운동은 다른 강박적 행동과 비슷하게 불안한 심리에서 출발합니다. 코로나 사태가 연이어 심각해지면서 어딜 가나 손 씻기에 대한 중요성을 강조합니다. 그러나 물건을 만질 때마다 손을 씻는다든가 습진이 생기고 지문이 닳을 정도로 반복해서 손을 닦는 것은 문제행동이에요.

강박적 행동은 좀처럼 떨쳐내기 힘든 강박적 사고에서 시작됩니다. 강박적 사고란 질병에 감염될 것 같다는 생각이나 누군가를 해할 것 같다는 느낌, 일이 엄청나게 잘못될 것 같다는 걱정들이 끊임없이 머릿속을 맴도는 것입니다. 이런 생각이 들면 불안감을 해소하기 위해 외출 전 전기 콘센트를 뺐는지 반복해서 확인하고, 대칭에 맞게 물건의 줄을 세우고, 자신이 한 말을 계속해서 고쳐 말하고, 옷을 입을 때 자신만의 순서대로 입어야 하는 식의 행동을 보입니다.

그러나 강박적 행동을 하는 사람은 자신이 불안하고 초조해서 그런 행동을 반복한다는 사실을 모르는 경우가 많습니다. 불안이 많은 저 역시 어릴 때 기억을 더듬어보면 강박적 행동을 꽤 했던 것 같습니다. 세수할 때 스무 번 이상 헹궈낸다든가, 횡단보도를 건널 때 꼭 흰 선 안에만 발을 놓는다든가, 고개를 왼쪽으로 세 번 까딱했으면 오른쪽으로도 세 번 까딱하는 등 스스로 세운 규칙대로 해야 안심하곤 했죠.

새벽 2시까지 러닝머신을 뛰는 마음

현우 씨는 학창 시절 내내 비만 체중으로 살았습니다. 친구들이 '돼지'라며 키득거리고 놀리기 일쑤였지만 조롱을 더 센 장난으로 받아치며 지냈어요. 대학교에 들어가자 친구들과 술 마시며 논다고 체중은 더 불었습니다. 그래도 즐거웠어요. 다만 하나 아쉬운 점은 연애였죠. 남중, 남고를 나온 데다 여자 형제도 없어서 여자아이들 앞에서는 위축되거나 어색했고 자신감도 없었습니다.

현우 씨는 대학교 2학년을 마치고 군대에 갔습니다. 그런데 규칙적인 생활을 하면서 주는 만큼 먹고 훈련을 받으니 살이 7㎏이나 빠졌어요. 휴가 때 친구들이 보자마자 "군대 가더니 살 빠졌네" 하며 놀랐죠. 현우 씨는 선임, 후임 할 것 없이 여기저기 물어보며 운동법을 배우기 시작했

불안

습니다. 음식은 내 맘대로 할 수 없으니 운동으로 살을 빼고 몸도 만들겠다는 욕심이 생겼어요. 군대에서는 딱히 몰입할 게 없었는데 잘됐다 싶었고 난생처음 느껴보는 사람들의 반응도 좋았습니다.

그렇게 10kg를 더 감량했고, SNS 프로필을 음식이나 술 사진이 아니라 자신의 몸이 보이는 사진으로 바꿨습니다. 그 뒤로 평소에는 별로 말도 섞지 않았던 여자아이들도 "살 빠지더니 잘생겨졌네?", "오빠 살 엄청 뺐네요!" 하며 관심을 보였어요.

전역 후 현우 씨는 몸이 다시 예전처럼 돌아갈까 봐 더 혹독하게 관리를 합니다. 저녁은 무조건 닭가슴살과 고구마를 먹고 일주일에 두세 번씩 하던 운동 횟수는 점점 늘어나 매일 하게 되었어요. 많이 먹었다 싶은 날이면 새벽 2시까지 러닝머신을 뛰어야 안도합니다. 하루라도 운동을 하지 못하면 다시 살이 찔까 봐 두려워요. 종류도 다양하게 사이클, 복싱, 크로스핏 등 살이 잘 빠진다는 고강도 운동을 찾아서 합니다.

그런데 운동량이 늘어나면서 근육 통증이 심해졌습니다. 피로감도 훨씬 더 느껴요. 학기 중에는 수업 진도를 따라가기도 바쁜데 운동까지 챙겨서 하려니 벅찹니다. 그러나 오늘도 현우 씨는 인스타그램에 '좋아요' 숫자가 올라가는 것을 보면서 '자기 전 스쿼트 200개'를 채우고 나서야 잠자리에 듭니다.

불안을 돌려 막지 마세요

강박적 행동은 하기 전에는 너무 불안하고 초조하지만 하고 나면 안도감과 쾌감이 듭니다. 인생을 잘 통제하고 있다는 생각에 뿌듯함도 느끼죠. 일렬로 쪼르르 서 있는 책들을 보거나 먼지 한 톨 없는 방바닥을 보거나 몸에 생긴 복근을 보고 있으면 무언가를 했다는 성취감도 듭니다. 세상에는 내 뜻대로 안 되는 일투성이기에 내 몸만은 내가 통제하고 싶다는 오기마저 듭니다.

하지만 이면의 심리를 제대로 봐주지 않으면 불안은 오히려 증폭됩니다. 해소되지 않은 불안이 다른 강박적 행동으로 옮겨가기도 하죠. 카드빚을 막으려 다른 카드빚을 내듯 불안을 막으려 다른 강박에 빠지는 거예요.

불안을 멈추고 싶지만 내 의지대로 할 수 없을 때는 어떻게 해야 할까요? 사람은 불안해지면 '생각'을 '현실'이라고 믿습니다. 가만히 있으면 진짜 살이 기하급수적으로 찔 것 같고, 정말 사람들이 나를 한심하게 여길 것만 같죠. 이

럴 때는 잠시 멈춰서 이 생각이 정말 현실적이고 합리적인지 따져봐야 합니다.

하루 운동을 안 한다고 정말 체중이 늘어날까요? 오히려 운동을 해야만 한다는 생각 때문에 받은 스트레스와 쉬지 못해 쌓인 피로가 지방을 더 쌓이게 만들지도 모릅니다. 또 자신의 몸을 현실적으로 얼마나 통제할 수 있는지도 고려해야 합니다. 우리의 몸은 활동량뿐 아니라 호르몬, 나이, 성별, 기초대사량 등 복합적 요소에 의해 변화합니다. 운동이 소용없다는 것이 아니라 운동으로 모든 것을 통제할 수는 없다는 뜻이에요.

불안의 대상에 자신을 노출시키세요

운동을 하지 않아도 인생이 망하지 않는다는 것을 정면으로 마주해보는 것도 좋습니다. 이는 불안장애나 공포증을 치료하는 기법 중 불안이나 공포의 근원이 되는 대상 또는 환경에 환자를 노출시키는 노출치료에 해당합니다. 드라마 〈괜찮아, 사랑이야〉에서 정신과 전문의 지해수는 강박증이 있는 환자를 치료하기 위해 쓰레기통의 쓰레기들을 책상에 쏟아 환자에게 만지도록 합니다. 극적인 묘

사이기는 하지만, 이런 식의 과정을 점진적으로 반복하다 보면 불안(질병에 감염)을 느꼈던 대상(쓰레기)과 편안한 느낌이 연합되면서 쓰레기를 만지더라도 점점 불안을 덜 느끼게 됩니다. 운동을 멈추면 살이 찔까 봐 두려운 사람이라면 운동을 참는 것이 노출치료가 되겠죠.

운동을 매일 하지 않아도, 근력 운동이 아닌 스트레칭만 해도 살이 갑자기 불어나지 않는다는 것을 실제로 경험하면 운동 강박에서 벗어날 거예요. 꼭 멈추고, 견뎌보세요. 운동은 반드시 해야 하는 것이 아니라 건강하기 위한하나의 방법입니다. 내가 언제든 선택할 수 있고, 하기 싫다면 하지 않아도 되는 것이죠.

인간관계는 너무 어려워서
잘 못하겠어요

A.

저는 가끔 이런 생각을 합니다.

'내가 만약 식이장애를 겪지 않았다면 지금쯤 어떻게 살고 있을까?'

공부와 다이어트에 집착했던 제 모습을 떠올려 볼 때 저는 일중독에 빠졌을 가능성이 큽니다. 쉽게 불안해하고 강박적인 제 성향에 더해, 혼자 하면서 인정받고 내가 잘살고 있다고 착각하게 만들어주는 것이 다이어트, 운동, 공부, 일이라는 것을 저는 너무도 잘 알기 때문이죠. 일과 공부 그리고 다이어트와 운동은 내가 무언가를 해나가고 있음을 눈으로 확인할 수 있습니다. 잘 해내고 있다는 느낌, 성취감을 가져다주죠.

미국의 웹사이트 '익명의 일 중독자 모임Workaholics Anonymous'에서 제공한 일중독 체크리스트에는 다음과 같은 항목이 있습니다.[58]

- 가까운 관계나 휴식보다 일이나 작업에 더 빠지곤 하나요?
- 타인 및 자기 자신과의 친밀함을 피하곤 하나요?
- 자신이 느끼는 감정을 변화시키거나 슬픔, 불안, 수치심을 느끼지 않기 위해 일에 몰두하곤 하나요?

이 항목들을 통해서 일중독에 빠지는 이유 또는 일에 몰두함으로써 얻는 이익을 유추해볼 수 있습니다. 가깝고 친밀한 관계에서 느낄 수 있는 여러 감정을 마주하지 않아도 된다는 점이죠. 인간관계는 일처럼 잘하고 못하고가 명확하지 않습니다. 내가 어떤 말이나 행동을 했을 때 상대방이 좋아할 수도, 싫어할 수도 있습니다. 내가 최선을 다해도 상대방은 서운할 수 있다는 뜻이죠.

제가 일중독자가 되었을 거라고 짐작하는 이유는 일에 중독되는 사람들과 비슷한 이유로 제가 과거에 다이어트와 공부를 선택했기 때문입니다. 저는 사람들과의 관계에서 펼쳐지는 변수가 너무 버겁게 느껴졌고, 그래서 도망치고 싶었습니다.

불안

차라리 외로운 게 낫다는 착각

고등학생 때 저희 반에는 예쁘고 공부도 잘하고 조금은 여우 같은(이 단어만큼 확 와닿는 단어가 없네요) 여자아이가 있었어요. 다른 여자아이들에게 많은 질투를 샀죠. 반에서 가장 인기가 많은 남자아이가 그 아이를 좋아한다는 소문이 떠돌자 "쟤가 먼저 꼬리 쳤다", "뒤에서 호박씨 깐다" 등등 각종 뒷말이 난무했어요. 그 아이는 저에게 와서 애들이 자신을 싫어한다며 하소연했고, 다른 아이들은 예쁜 게 아주 여우 같다며 저에게 그 아이를 욕했습니다.

저는 그 사이에서 질렸습니다. 질투를 하는 쪽이나 받는 쪽이나 모두 싫었어요. 그러면서도 미움의 화살이 혹시 나에게 돌아올까 두려웠습니다. 이미 몇몇 선생님은 저를 '외고 학생답지 않게' 교복 치마도 줄이고 연수 갈 때 튀는 옷을 입었다며 꼴사납게 봤으니까요. 질투도 싫고 미움도 싫었던 저는 스스로 고립되는 편을 선택했습니다.

저는 고립되더라도 사람들의 관심을 받을 수 있는 방법을 알고 있었어요. 바로 다이어트죠. 사람들은 공부나 다이어트를 한다고 하면 혼자 소외되더라도 별로 이상하게 생각하지 않습니다. 오히려 "열심히 사는구나" 하고 "멋있다" 하며 인정도 해주죠.

그 이후로 저는 공부와 다이어트에 몰두했습니다. 저의 감정이나 색깔은 하나도 드러내지 않았죠. 그러자 사람들은 저를 크게 좋아하지도 않았지만 싫어하지도 않았습니다. 그게 너무 편했고 속 시끄럽지 않아도 된다는 것에 안도감을 느꼈어요. 멀리서만 지켜보고 바라볼 뿐 제가 견고히 세워놓은 벽을 허물고 다가오는 사람은 없었으니까요.

그러나 관계를 떠나 공부로, 다이어트로 도피했던 저는 조금 외로웠습니다. 아니, 많이 외로웠죠. 미움을 받고 싶지 않았을 뿐 관심은 받고 싶었으니까요. 식이장애를 겪으면서 관계를 되돌아보고 관계 안에서 버티는 연습을 하지 않았다면 지금쯤 저는 일중독자가 되어서 외롭고 공허한 채로 살아갔을 겁니다.

그래서 지금은 어떻게 살고 있냐고요? 질투하고 질투받고 미워하고 미움받으면서 일로 도망치지 않고 살아가고 있습니다. 관계가 버거울 때도 당연히 많죠. 하지만 제가 정말 원하는 것은 관계 안에서의 친밀감이지, 혼자서 얻는 성취감이 아님을 이제는 압니다. 다이어트도 공부도 일도 누군가의 관심이나 인정이 없다면 그만큼 열심히 하지 않았을 테니까요.

불안

미움받는다는 건 자유롭다는 증거입니다

인간관계는 삶에 엄청난 영향을 미칩니다. 오죽하면 "일이 아니라 사람 때문에 힘들어서 그만둔다", "나를 믿어주는 한 사람만 있다면 세상은 살 만하다" 이런 말들이 나올까요. 하지만 우리는 관계 맺는 법을 제대로 배운 적이 없어요. 관계는 서툴러도 해야 합니다. 때로는 비굴하고 지질할 수밖에 없어요. 갈등을 감수해야 하고 불편도 떠안아야 합니다. 내 노력과 별개로 상대방의 반응은 천차만별이기에 맥락에 맞게 소통하며 반응해야 해요. 맞아요. 세상에서 제일 힘든 건 관계를 잘 맺는 것입니다!

《미움받을 용기》에는 이런 내용이 등장합니다.

"아들러 심리학에서는 '모든 고민은 인간관계에서 비롯된 고민이다'라고 주장하지. 즉 우리는 인간관계에서 해방되기를 바라고, 인간관계로부터 자유로워지기를 갈망하네. (중략) 자네가 누군가에게 미움을 받는 것, 그것은 자네가 자유롭게 살고 있다는 증거이자 스스로의 방침에 따라 살고 있다는 증표일세."[59]

여러분은 가족, 친구, 애인, 동료에게 미움받고 있나요? 혹시 그들이 여러분에게 서운해하거나 불편해하거나 짜증 내거나 화를 내고 있나요? 그건 여러분이 관계를 제대로

맺어나가고 있다는 증거예요. 미움받는다는 것은 결국 감정을 나누고 있다는 증거니까요. 그러니 피하지 말고 마주하세요.

제가 다시 고등학생 시절로 돌아간다면 저는 미움받는 쪽을 선택할 겁니다. 질투받는 아이의 편을 들어서 질투하는 아이들의 미움을 살 수도 있고 그 반대일 수도 있겠죠. 힘들겠지만 적어도 공허하지는 않을 겁니다.

저는 이 불편하고 지질한 감정들이 너무 싫어서 오랜 세월 고상해 보이는 것들로 제 삶을 채우려 노력했습니다. 하지만 친밀한 관계를 맺지 않으면 계속해서 공허함이 쌓이고, 밑 빠진 독에 물 붓듯이 계속 스스로를 갈아 넣을 뿐 남는 것은 없습니다.

성깔도 부리고 미움도 받고 질투도 하고 서운한 감정도 드러내면서 끈끈한 관계를 만들어보세요. 다이어트 말고, 일 말고, 관계로 한 발짝 나아가 보세요.

상처받을 바에는

사랑도 받지 않을래요

A.

흔히 식이장애라고 하면 뼈가 드러날 정도로 깡마른 몸에 거의 모든 음식을 거부하는 거식증 환자를 떠올립니다. 사람들은 거식증을 단순히 '다이어트 때문에 생긴 병'으로 인식해서 그들에게 "너 다이어트 좀 그만해라"라거나 "살쪄도 예뻐"라고 말하는 경우가 많습니다.

하지만 자신을 혹독하게 굶기는 일은 '예뻐 보이려고 살 빼는 것'으로 뭉쳐지지 않습니다. 누구에게나 식욕은 있고, 자신의 건강에 엄청난 해를 가할 정도 먹지 않는 것은 사실 자신을 향한 고문, 형벌에 가깝기 때문이죠. 그래서 거식증을 이해하려면 '왜 도대체 먹지 않는지'에 대해 충분히 고려해야 합니다.

"난 사람이 아니라 골칫덩어리였네요"

영화 〈투 더 본To The Bone〉은 거식증을 겪는 주인공 엘런의 모습을 자세히 그려냅니다. 엘런은 초콜릿 바 하나를 먹는 것에도 엄청난 공포를 느끼고, 튀김옷이 있으면 꼭 떼어내고, '삼킬 수 없는 음식'은 씹은 후 뱉어버리고, 쓰러지기 직전에도 음식을 거부합니다.

이 영화는 단순히 엘런을 '다이어트를 위해 먹지 않는 사람'으로 묘사하지 않고 그녀가 느끼는 이면의 여러 감정과 고민을 담아냅니다. 엘런이 경험하는 음식에 대한 공포는 '중요한 사람들과의 관계'에서 시작되었고, 해결의 실마리 역시 관계에 있음을 알 수 있습니다.

영화의 첫 장면은 엘런이 입원 병동에서 나와 집으로 들어가는 모습입니다. 그녀가 병원 밖에서 가장 처음 만나는 사람은 택시기사와 가사도우미고, 집에서 마주하는 사람은 새엄마와 이복동생입니다. 엘런이 가장 힘든 순간에 마주한 사람이 친부모가 아니라는 사실은 이 장면을 통해 상징적으로 드러납니다.

아빠는 엘런이 입원 병동에서 나와 가족 상담을 받고 다시 재활센터로 들어가는 동안 한 번도 등장하지 않습니다. 가족들의 대화로 유추해볼 때 아빠는 딸의 상황이나

불안

감정 변화에 별 관심이 없다는 것을 짐작할 수 있어요. 아빠는 엘런의 예술적 재능과 상관없이 그녀가 중국어나 컴퓨터에 관련된 먹고살기 좋은 직업을 가지기를 원했습니다.

그럼에도 엘런의 표정 변화에 가장 많은 영향을 끼치는 사람은 친부모입니다. 엘런은 내내 감정의 동요가 거의 없는 것처럼 보이는데 그래도 엄마, 아빠가 자신을 보러 오는지 아닌지에 따라서는 기대하고 실망하는 감정이 표정에 드러납니다.

자세히 그려지지는 않지만, 엘런이 겪는 병에 대해 가족들이 어떤 태도를 취하는지만 봐도 그녀가 이전에 겪었던 관계들을 추측할 수 있습니다. 거식증 치료에 포함된 가족 상담에는 새엄마, 이복동생, 엄마 그리고 엄마의 동거인이 참여해요. 듣기만 해도 복잡해 보이는 이 가족은 엘런의 거식증을 두고 남 탓을 하기 바쁩니다. 엘런은 결국 이렇게 말하죠.

"죄송해요. 난 사람이 아니라 골칫덩어리였네요. 전부 제 탓이죠."

그리고 그날 재활센터로 돌아온 엘런은 한 손안에 팔뚝이 잡히는 것에 안도하면서 식사를 거의 하지 않습니다.

사랑받고 싶지만 상처받고 싶지 않아서

살아야 할 이유를 찾지 못하는 엘런에게, 비슷한 어려움을 겪고 있지만 좀 더 밝아 보이는 루크가 다가옵니다. 먹는 것이 두려워 "제어하지 못할까 봐 겁나지 않아?"라고 물어보는 엘런에게 루크는 "나도 똑같아. 무서워도 그냥 먹는 거지"라고 씩씩하게 답합니다.

루크와 가까워지면서 엘런은 조금씩 마음을 엽니다. 무서워서 먹지 못하던 구구크러스트를 용기 내서 먹기도 하고, 메건의 임신 축하 파티에서 사람들과 어울려 춤을 추고 놀기도 합니다. 엘런은 식당에서 음식을 씹고 뱉어도 자신을 이상하게 생각하지 않고 오히려 한술 더 떠서 유머로 승화시키는 루크에게 깊은 유대감을 느낍니다.

하지만 부모에게 그랬듯 마음을 주었다가 또 상처를 받을까 봐 두려운 엘런은 루크의 "사랑해"라는 말을 거북해하며 밀어냅니다. 루크가 다가온다는 건 다시 상처받을 수 있음을 뜻하니까요. 이에 대해 극심한 공포를 느끼는 엘런은 루크를 향한 자신의 마음을 통제하기 위해 윗몸일으키기를 하고, 왜 루크와 사이가 멀어졌냐고 묻는 윌리엄 박사에게 "게이 같은 놈이랑 뭘 하겠어요?" 하며 냉소적인 반응을 보입니다. 자신에게 한 발 더 다가오려는 윌리엄 박

불안

사를 거부하며 재활센터도 나와버리죠.

그러나 재활센터에서 나와 엄마와 화해하는 장면을 통해, 엘런이 죽도록 거부하면서도 정말로 원한 것은 '자신을 향한 깊은 애정과 사랑'이었음이 드러납니다. 엄마는 혼자 있는 엘런에게 다가가 진심 어린 사과를 합니다. 그리고 눈물을 흘리며 이런 말을 하죠.

"엄마는 다 이해해. 네가 죽는 걸 바란다면 그것마저 이해할게. 널 사랑하니까 엄마는 다 이해해."

그리고 엘런은 목사의 "조금 이상해 보일지도 모르는" 지시에 따라 엄마에게 몸을 맡긴 채로 젖병에 담긴 우유를 마셔요. 그 속에서 엘런은 자신이 모든 것을 절제하고 통제하지 않아도 괜찮다는 희망을 봅니다. 두려운 마음에 자신에게 다가오는 사람들을 계속 밀쳐내고 있다는 것도 발견했죠. 영화는 엘런이 "석탄을 삼키는 것만큼 힘든" 용기를 내고 다시 회복을 다짐하며 재활센터로 돌아가는 것으로 마무리됩니다.

"음식도 사랑도 필요없어요"

10여 년이 넘는 세월을 거식증과 함께 살아온 《하루에 사과 하나》의 작가 엠마 울프는 이렇게 말합니다.

"내 경우, 결국에는 항상 통제의 문제로 귀결된다. 처음부터 내게는 거식증이, 통제할 수 없는 세상을 통제하는 방법이자 타인의 접근을 차단하는 방법이었다. '나는 네 사랑 필요 없어, 나는 네 음식 필요 없어, 나는 끼고 싶지 않아'라고 말하며 바깥세상을 거부하는 방법이었다."[60]

그녀가 처음 음식을 거부하게 된 계기는 갑작스럽고 절망스러웠던 실연이었습니다. 그리고 이후 연인의 죽음을 통해 거식증이 강화됩니다. 타인의 마음이나 사랑은 통제할 수 없고 내가 감당할 수 없는 고통을 가져다주기에, 상대방의 관심을 통제하기 위해 나를 통제한 것이죠. 내가 먹는 음식과 체중은 눈에 쉽게 보이고 스스로 통제할 수 있지만 상대방의 관심이나 미움은 내가 어찌할 수 있는 것이 아니니까요.

저 역시 음식을 먹지 않음으로써 사람들과의 관계에서 멀어졌어요. 친구들은 전과 달리 제가 혼자 자리에 틀어박혀 있는 것을 걱정했고, 왜 이렇게 먹지 않느냐며 신기해하는 동시에 안타까워했죠. 그때 제가 가장 많이 되새김질한 말은 이것이었습니다.

"다른 사람은 돼도 나는 안 돼. 다른 사람은 먹어도 나는 안 돼. 다른 사람은 웃어도 나는 안 돼."

철저히 고립됨으로써 저는 지긋지긋하고 버거웠던 시기와 질투, 미움과 상처들에서 벗어났습니다. 사랑받고 싶지도 않았습니다. 사랑받으면 그만큼 상처받아야 하고, 사랑받을수록 실망할 가능성이 커지니까요.

깡마른 몸에 감춰진 상처받은 마음

제가 상담을 하면서 만난 분들 역시 제가 느꼈던 것과 비슷한 감정을 경험했습니다. 저마다 고통의 크기는 다르지만 감당하기 버거운 아픔이라는 건 같았어요. 지윤 씨는 남들이 생각 없이 내뱉는 "너 뚱뚱해"라는 말에 상처를 받아 미움받고 싶지 않은 마음에 자신을 통제했고, 솔희 씨는 '내가 고립되면 더는 나를 건드리지 않겠지'라는 마음으로 하루하루 굶는 것을 선택했습니다. 주현 씨는 관계는 자신의 기대만큼 되지 않는데 음식과 체중은 오롯이 내 마음대로 할 수 있다는 생각에 기뻐했습니다. 은진 씨는 자신의 아픔과 고통을 아무도 알아주지 않는 것 같아 온몸으로 표현했죠. 거식증을 이해하려면 이처럼 이면의 상처받은 마음을 꼭 봐주어야 합니다.

다만 그 마음을 이해하는 것과는 별도로 그들이 자신

을 파괴하고 망가트리는 행동은 지지할 수 없습니다. 거식증은 정신질환 중 사망률이 가장 높은 증상입니다. 환자의 20%가 합병증이나 자살로 생을 마감하고, 죽지 않더라도 뼈가 망가지거나 불임이 되는 등 여러 심각한 부작용을 겪기 때문입니다.[61]

거식증을 겪을 때 저는 이 삶을 이대로는 계속 유지할 수 없음을 어렴풋이 알고 있었습니다. 극단으로 치달을 수밖에 없다는 것도 느꼈어요. 하지만 벼랑 끝으로 이어지는 이 길을 어떻게 다르게 걸어야 할지 누구도 알려주는 사람이 없었습니다. 거식증으로 어려움을 겪는 이들에게는 가까운 사람의 도움과 관심 그리고 따뜻한 애정이 꼭 필요합니다.

물론 뼈아픈 충고와 다른 길에 대한 조언도 필요해요. 그러나 회복을 위해서는 무엇보다 스스로 변화하려는 의지가 제일 중요하답니다. 두려움을 극복하고 먹기로 선택한다면, 그때는 인간관계에서 더 나은 선택도 할 수 있어요. 그러니 부디 누군가 손을 내밀었을 때 뿌리치지 말고 잡아주세요.

도움을 요청하는 건
부끄러운 게 아닙니다

식이장애는 혼자서 극복하기가 어렵다는 걸 너무 잘 알기에 서로 공감대를 형성하고 응원하자는 의미로 저는 2020년부터 ET Eating Together라는 소규모 모임을 만들었습니다. 온라인상에서 서로의 식사일지나 감정 상태, 폭식 여부 등을 공유하고 댓글로 소통하다가 7월 마지막 날에 소소하게 오프라인 정모를 진행했죠. 모임이 거의 끝날 무렵 한 분이 이런 말을 했습니다.

"신기해요. 실은 되게 우울하고 어두운 사람들이 올 거라고 생각했거든요. 근데 다들 너무 멀쩡해 보여서 주변에도 흔히 있을 것 같은 느낌이에요."

흔히들 식이장애라고 하면 뼈가 보일 정도로 말랐거나 체중이 매우 많이 나가는 사람만을 떠올리곤 합니다. 하지만 제가 상담실에서 마주한 분들은 주위에도 흔히 있을 법한 체형인 경우가 훨씬 많았습니다. 식이장애를 겪는 분들도 서로 숨기는 경우가 많고, 주변에 선뜻 알리기를 꺼립니다. 분명 힘들어하는 사람들이 많다던데 둘러보면 마치 나만 겪는 듯한 느낌이 들죠.

그러다 보니 스스로 문제가 있다는 걸 자각하고 받아

들이는 데도 한참의 시간이 걸리곤 합니다. '다이어트를 하다 보면 어느 정도의 강박은 누구나 생기는 거 아닌가?' 하면서 몸이 비명을 지르고 있는데 이를 회피하기도 하고, '나는 많이 먹기만 하는데 이건 그냥 내가 과식하는 게 아닐까?' 하면서 심각성을 인식하지 못하기도 해요.

거기에 더해 '유난스럽게 다이어트하다가 걸린 병'이라느니 '의지가 부족한 탓'이라느니 하는 무지하고 폭력적인 말들 때문에 내가 식이장애라는 것을 인식하더라도 주위에 알리거나 도움을 청하기가 매우 어렵습니다. 음식과 몸은 스스로 조절하는 것이라는 사회적 인식이 깔려 있는 데다, 미디어에는 다이어트에 성공한 사람들만 나오기 때문이죠.

그러나 거식증, 폭식증은 우울증처럼 치료가 꼭 필요한 증세입니다. 가만히 놔둔다고 해결되는 것이 결코 아니에요. 저는 식이장애를 겪었던 때를 떠올리면 뿌연 안개 속에 있는 기분이 듭니다. 사람들이 하는 말도 잘 들리지 않았고 항상 음식과 체중에만 집착했어요. 어떠한 감정도 잘 느낄 수가 없었죠. 마치 마음이 마비된 느낌이었습니다. 슬픈 건 그때는 스스로 힘들고 도움이 필요하다는 사실조차 깨닫지 못했다는 것이죠.

저는 여러분이 저처럼 빙 둘러서 가지 않았으면 좋겠

습니다. 혹시나 다이어트 강박, 씹뱉(씹고 뱉기), 폭토 등으로 힘든 시간을 보내고 있다면 가능한 한 빨리 주변 사람들과 전문가에게 도움을 요청해주세요. 혼자만 겪고 있는 일이 절대 아니랍니다.

친구, 가족, 연인이
식이장애를 겪고 있다면

"딸이 식이장애를 겪고 있는데 어떻게 해야 할지 모르겠어
요. 치료를 시작하는 계기 같은 걸 어떻게 하면 만들 수 있
을까요? 굉장히 심각한 상태인데 딸이 마음의 문을 닫을
까 봐 말도 못 꺼내고 있어요. 도움을 주고 싶어도 어떻게
시작해야 할지 감이 잡히지 않네요."

식이장애를 겪는 분들은 주변 사람이 자신을 이해해주
지 않을까 봐 혼자 전전긍긍하는 경우가 많습니다. 그래서
쉽사리 자신의 이야기를 꺼내지 못하고 힘들어하죠. 그렇
다면 폭식증과 거식증으로 지쳐 있는 친구나 가족, 연인에
게는 어떻게 다가가면 될까요?

첫째, 걱정하는 마음 전하기

나에게 너무 소중한 사람이 식이장애로 고통받는 것처
럼 보인다면 어떻게 해서라도 도움을 주고 싶고, 힘을 주
고 싶을 거예요. 물론 한편으로는 '내가 괜히 나섰다가 저

사람이 아예 치료를 거부하지는 않을까' 하는 두려움도 들겠죠. 하지만 정말 사랑하는 사람이 강요가 아닌 걱정을 담아 이야기한다면 식이장애를 겪는 사람은 그 자체로 위로를 받을 거예요. 따라서 "너 병원 가" 또는 "치료받아야지!"라는 말보다는 "네가 정말 걱정된다"라고 마음을 전해주세요. 계속해서 마음을 전하고, 기다려주고, 설득한다면 언젠가는 분명 상대방도 마음을 열 거예요.

둘째, 식이장애 증상보다
그 사람에 대한 관심을 지속적으로 표현하기

걱정을 표현할 때 주의해야 할 점이 있어요. "더 먹어라", "너 이제 살 좀 쪘다", "살이 더 빠져서 어쩌니" 같은 말들은 식이장애를 겪고 있는 사람에게 더 부담이 되고 거부감이 들 수 있답니다. 자신도 거식증, 폭식증을 겪고 있다는 것을 알고 있고 벗어나고 싶지만 잘 제어가 되지 않기 때문에 주변 사람들까지 증상에만 초점을 맞춰서 말하면 스트레스를 가중할 뿐입니다.

물론 몸이 너무 앙상해 보이거나, 너무 많이 먹었다며 자괴감에 빠져 있는 모습이 안쓰럽고 걱정되기에 그런 말이 먼저 튀어나올 순 있어요. 충분히 이해합니다. 하지만 때로는 상대방에게 정말 들릴 만한 말을 해주는 것이 필요합니다. "요새 제일 고민되는 게 뭐야?", "기분은 좀 어때?", "밖에서 먹는 게 좀 힘들지는 않니?" 등등 그들이 어떻게 지내고 어떤 생각을 하는지를 조금 더 궁금해하고 걱정해준다면, 상대방도 분명 더 편하게 자신의 마음을 이야기할 거예요.

셋째, 식이장애에 대해 이해하기

식이장애를 겪는 분이 가족, 연인, 친구와 함께 상담에 오면 저는 가장 먼저 식이장애에 대한 설명을 해드리곤 합니다. 본인은 물론이거니와 주변 사람들도 식이장애의 여러 증상(구토, 폭식, 눈에 띄는 체중 변화 등)에만 사로잡히기가 쉬워요. 하지만 식이장애는 이면의 심리적 과정, 즉 왜 이렇게까지 스스로를 학대하면서 다이어트를 하는지, 왜 자신이 통제하기 어려울 정도로 먹는지를 이해하고 해결하는 것이 훨씬 더 중요합니다.

겪고 있는 본인도 모를 수 있는 것들을 주변 사람들이 함께 알아봐주고 공부도 하고 적극적으로 이해하고자 노력한다면, 그보다 든든한 응원은 없을 거예요.

넷째, 식이장애 전문가 소개해주기

식이장애를 겪는 많은 분은 '남들은 나를 제대로 이해해주지 못할 거야'라는 생각을 가지고 있습니다. 이런 생각은 음식 하나 어쩌지 못 하는 자신이 너무 한심하고, 남들은 다이어트를 잘만 하는데 나만 이러고 있는 것 같아 창피하고 죄책감을 느끼는 데서 비롯되죠.

'나도 내가 이상한데 누가 나를 이해해주겠어?'

이런 수많은 걱정 때문에 상담을 선뜻 받으러 오기 어려워하는 경우가 정말 많습니다. 그래서 단순히 "정신과를 가보자", "심리상담센터에 가보자"라고 하는 것보다는 "이 선생님은 식이장애 치료를 전문으로 한대. 그러니까 너를 잘 이해해주실 거야"라고 하는 게 좋아요. 저는 상담하기 전 불안해하는 분들을 안심시키기 위해 "저도 식이장애를 6년 정도 겪었어요"라고 미리 이야기합니다. 제 앞에 오기까지 얼마나 많은 고민을 했을지 너무도 잘 알기 때문이죠.

식이장애 대처 가이드

다섯째, 심각한 경우 입원 치료를 권하기

너무 심각해서 개입이 시급한 경우에는 어떻게 해야 할까요? 심한 저체중으로 일상생활이 어렵거나 알코올 의존증이 동반되는 경우 매우 위험하기 때문에 입원 치료가 필요합니다. 적절한 시기를 놓치면 평생 심한 후유증을 안고 살아가야 해요. 그러니 이럴 때는 어떻게 해서라도, 다 책임지겠다고 설득을 하든 빌든 치료를 받도록 적극적으로 행동할 필요가 있습니다. 제 발로 불구덩이에 들어가는 걸 내버려둘 수는 없으니까요.

식이장애를 겪는 사람이 곁에 있다면 분명 많이 지치실 거예요. 그러나 여러분의 지속적인 걱정과 관심, 애정은 반드시 전달될 거라고 믿습니다.

심리상담을 받고 싶다면

상담의 종류

개인상담

- 자신이 미처 인식하지 못했던 내면의 심리와 현재 겪고 있는 어려움을 집중적으로 다룹니다. 상담사가 추구하는 상담 이론에 따라 객관적으로 문제를 분석하기도 하고, 부모나 친구처럼 내담자와 직접 관계를 맺으며 감정을 나누기도 합니다. 심리상담이라고 해서 감정과 생각만 다루는 것은 아니며, 필요에 따라 상담사가 내담자에게 현실적인 조언을 해주기도 합니다.
- 상담사와 일대일로 만나는 방식이므로 여러 사람과 대화하는 것이 부담스러운 분에게 상대적으로 적합합니다. 하지만 집단상담보다는 개인이 부담하는 비용이 더 큽니다.

집단상담

- 대화 주제, 모이는 횟수(매주 2시간씩, 연속 이틀 동안 10

시간씩 등), 중간에 참여 가능한지의 여부에 따라 다양한 형태가 존재합니다. 참여 인원은 주제에 따라 다양하지만 관계 맺기를 연습하는 '참 만남 집단'은 6~10명 정도가 효과적입니다.

- 상담사가 추구하는 상담 이론에 따라 문제(발표불안, 대인기피, 식사문제 등)에 도움이 되는 해결책을 제시하며 서로의 경험을 나누기도 하고, 집단원들끼리 관계를 맺으면서 소통하는 법을 연습하기도 합니다.

- 개인이 부담하는 비용이 상대적으로 적고 개인상담에서는 보이지 않는 대인관계 패턴이 '지금 여기서(here and now)' 드러난다는 장점이 있습니다. 또한 다양한 사람의 다양한 경험과 의견을 들어볼 수 있어요. 다만 개개인의 이야기를 집중적으로 다루지는 못한다는 한계가 있습니다.

무료 상담

- 만 24세 이하인 경우 청소년상담복지센터, 그 외에는 건강가정지원센터에서 무료로 상담을 받을 수 있습니다. 다만 오랫동안 대기해야 할 수 있고 상담 횟수가 5~10회로 제한될 수 있습니다.

- 300인 이하의 중소기업 직원이라면 근로자 지원 프

로그램EAP을 온·오프라인으로 신청 후 무료로 상담을 받을 수 있습니다. 이는 근로자의 정신적 스트레스 해결을 위해 근로복지공단에서 무상으로 제공하는 서비스입니다. 온라인 신청은 근로복지넷 웹사이트www.workdream.net에서 회원가입 후 가능합니다.

유료 상담

- 대면 상담뿐 아니라 화상면담, 전화상담, 채팅상담 등 여러 서비스를 이용할 수 있습니다. 상담 비용은 1회당 6~15만 원으로 상담사의 경력과 상담센터의 내부 방침에 따라 다양합니다.

- 상담사에 따라 식이장애에 대한 지식이 다를 수 있으므로 식이장애 전문 상담사가 있는지 사전에 확인하고 방문하는 것이 좋습니다. 대부분의 상담센터는 예약제로 이루어진다는 점 참고해주세요.

- 매년 나라에서 상담지원 사업을 운영하고 있어, 소득 기준에 따라 상담비의 70~90%를 지원받을 수 있습니다. 만 18세 이하 또는 고등학교 재학생이라면 아동청소년 심리지원 서비스를, 만 19~34세 사이라면 청년 심리지원 서비스를 이용할 수 있습니다. 기본 12개월이며 연장 시 최대 2년까지 지원받을 수

있습니다. 주민등록지 주민센터에서 신청이 가능합니다.

상담의 절차

- 식이장애 상담의 경우 심리상담과 비슷한 방식으로 이루어집니다. 상담사와 내담자가 함께 상담을 구조화하고, 목표를 설정하고, 내담자의 변화를 위해 노력하죠. 그러나 한 가지 다른 점이 있습니다. 수개월 또는 수년간 이어진 폭식과 절식 때문에 깨져버린 몸의 자연스러운 신호를 되찾기 위해서는 무엇보다 식사를 안정화하는 작업(정상식)이 중요합니다. 그래서 식이장애 상담 초기에는 규칙적인 식사를 위한 안내가 이루어집니다. 식사가 안정되고 음식에 대한 집착이 줄어들어야 비로소 마음을 제대로 돌아볼 여유가 생기기 때문이죠.

상담사 분별법

- 학회나 국가 자격증을 밝히지 않고 '심리상담사 1급' 이렇게만 명시되어 있다면 일단 전문성을 의심해봐야 합니다. 또한 매체나 광고에 나온 상담사의 모습만 강조하거나 '독자적인 치료 방법'으로 상담을 한다는 센터 역시 경계할 필요가 있습니다.

- 상담사가 심리학 및 교육학 석사(상담 심리 또는 임상심리 전공) 이상이고 정신보건임상심리사(보건복지부), 상담심리사(한국상담심리학회), 임상심리전문가(한국임상심리학회), 청소년상담사(여성가족부), 전문상담교사(한국상담학회), 임상심리사(보건복지부), 전문상담사(한국상담학회) 중 하나의 자격증을 가지고 있는지 확인해봐야 합니다.

- 한국상담심리학회 웹사이트www.krcpa.or.kr의 '비회원 상담전문가찾기(지역별)'를 통해 원하는 지역 내 상담심리사 1, 2급을 보유한 상담사를 찾을 수 있습니다.

약과 부작용[62]

식이장애로 상담을 받으려고 고민하고 있는 분이라면 한 번쯤 이런 생각을 해봤을 겁니다.

'상담센터를 가야 할까, 정신과(정신건강의학과)를 가야 할까? 약은 꼭 먹어야 하는 걸까?'

실제로 정신과에서 상담을 받고 난 뒤 저에게 다시 오는 분들도 있고, 제가 약 처방을 받으라고 정신과를 추천하는 경우도 있습니다. 경우에 따라 심리상담만으로 효과를 볼 수도 있고, 약 처방을 병행해야 하기도 하죠.

일상생활을 할 수 없을 정도로 무기력하고, 폭식하고 토하는 증상이 잦은 경우에는 항우울제, 항불안제 등의 약을 반드시 복용하는 것이 좋습니다. 또 식이장애의 경우 기간이 오래될수록 우울증, 불안장애, 공황장애, 수면장애, 알코올 의존증 등이 동반되는 경우가 많습니다. 기분이 너무 가라앉고 잠도 제대로 못 자고 말하기도 싫을 만큼 힘들다면 정신과에서 먼저 약을 처방받아 복용할 필요가 있어요. 기분과 증상이 어느 정도 개선되어야 심리상담을 해도 스스로 무언가를 바꿔볼 의지가 생기기 때문입니다.

정신과에서 이루어지는 상담은 심리상담과는 성격이

조금 다릅니다. 의사가 하는 상담은 약 처방을 위한 면담에 가깝기 때문에 근본적 문제 해결보다는 증상 완화에 초점을 맞추는 경우가 많죠. 특히 식이장애의 경우 심리적 원인이 매우 크기 때문에 별도의 심리상담이 꼭 필요하답니다.

식욕억제제에 대해 궁금해하는 분들도 있을 텐데요. 인터넷이나 홈쇼핑, 방문판매 등으로 판매되는 제품은 대부분 의약품이 아니라 식품입니다. 식욕억제제는 의존성이나 내성이 생길 수 있으므로 체중이 많이 나가 건강상 위험한 경우에만 단기적 보조요법으로 처방받을 수 있습니다. 1개월 이내로 단기 투약하는 것이 좋고, 장기간 복용하면 폐동맥 고혈압이나 판막성 심장병 등의 부작용이 나타날 수 있으니 주의해야 합니다. 또 약을 지나치게 많이 복용할 경우 불안, 의식 잃음, 사지 떨림 등의 부작용이 나타날 수 있으니 오남용은 꼭 삼가주세요. 식욕억제제는 성인을 대상으로 허가되어 있으며 16세 이하는 복용할 수 없습니다.

약 처방을 받고 싶다면 가까운 정신과를 방문하면 됩니다. 심리상담과 마찬가지로 식이장애에 대한 지식은 의사마다 다를 수 있기 때문에 식이장애를 전문으로 하는 병원에 방문하는 것이 좋습니다. 정신과에서 처방받는 모든 약은 함부로 중단하거나 오남용해서는 안 되며, 부작용이 있을 경우 반드시 전문의와 상담해야 합니다.

식이장애 대처 가이드

출처

1 Kris Gunnars, 8 Common Symptoms of Food Addiction, *healthline*, 2019.

2 Dalvit SP, The effect of the menstrual cycle on patterns of food intake, *Am J Clin Nutr*, 1981, 34(9) 204-213.

3 강수화·이영미, '월경 전·후 여대생의 식사섭취 행태 변동성 분석', 〈대한지역사회영양학회지〉, 2013, 18(6) 577-587.

4 멜라니 뮐·디아나 폰 코프 지음, 송소민 옮김,《음식의 심리학》, 반니, 2017, 96쪽.

5 멜라니 뮐·디아나 폰 코프 지음, 송소민 옮김,《음식의 심리학》, 반니, 2017, 190~193쪽.

6 유은정 지음,《그래서 여자는 아프다》, 들녘, 2012, 82쪽.

7 멜라니 뮐·디아나 폰 코프 지음, 송소민 옮김,《음식의 심리학》, 반니, 2017, 12~17쪽.

8 멜라니 뮐·디아나 폰 코프 지음, 송소민 옮김,《음식의 심리학》, 반니, 2017, 12~17쪽.

'한국인은 왜 매운맛을 좋아할까?', 〈데일리〉, 2020.

9 Westerberg, D. P.&Waitz, M. Binge-eating disorder,
Osteopathic Family Physician, 2013, 5(6) 230-233.

10 Melissa Healy, Foods that are both fatty and sweet can hijack
the part of the brain that regulates food consumption, *Los
Angeles Times*, Science, 2018.

11 멜라니 뮐·디아나 폰 코프 지음, 송소민 옮김, 《음식의
심리학》, 반니, 2017, 136쪽.

12 멜라니 뮐·디아나 폰 코프 지음, 송소민 옮김, 《음식의
심리학》, 반니, 2017, 186쪽.

13 이영호 지음, 《식사 장애》, 엠엘커뮤니케이션, 2011, 212쪽.

14 Gearhardt, A. N., Yokum, S., Orr, P. T., Stice, E., Corbin, W.
R., & Brownell, K. D., Neural correlates of food addiction,
Archives of general psychiatry, 2011, 68(8) 808-816.

15 Johnson, P. M., & Kenny, P. J., Dopamine D2 receptors in
addiction-like reward dysfunction and compulsive eating in
obese rats, *Nature neuroscience*, 2010, 13(5) 635-641.

16 〈음식중독 2부 : 밀애愛 밀에 중독되다〉, EBS, 2014.

17 낸시 맥윌리엄스 지음, 이기련 옮김, 《정신분석적 진단》,
학지사, 2018.

18 Russell, D., Peplau, L. A. & Ferguson, M. L., Developing a
measure of loneliness, *Journal of Personality Assessment*, 1978,
42 290-294.

19 존 카치오프·윌리엄 패트릭 지음, 이원기 옮김, 《인간은 왜
외로움을 느끼는가》, 민음사, 2013, 64쪽.

20 존 카치오프·윌리엄 패트릭 지음, 이원기 옮김, 《인간은 왜
외로움을 느끼는가》, 민음사, 2013, 16쪽.

21 대니얼 골먼 지음, 한창호 옮김, 《EQ 감성지능》,
웅진지식하우스, 2008.

22 김윤아 지음, 〈지각된 부모의 양육행동과 폭식행동의
관계에서 정서인식 명확성의 매개효과〉(석사학위 논문), 2018.

23 DeWall C. N., Hurt feelings? You could take a pain
reliever..., *Harvard business review*, 2011, 89(4) 28-29.

24 김윤아 지음, 〈지각된 부모의 양육행동과 폭식행동의
관계에서 정서인식 명확성의 매개효과〉(석사학위 논문), 2018.

25 Humphrey, L. L., Structural analysis of parent-child relationships in eating disorders, *Journal of Abnormal Psychology*, 1986, 95(4) 395-402.

26 지나 콜라타 지음, 김지선 옮김, 《사상 최고의 다이어트》, 사이언스북스, 2008, 157~161쪽.
루이스 폭스크로프트 지음, 차윤진 옮김, 《칼로리 앤 코르셋》, 삼화, 2013.

27 이영혜, '단식 반복하면 음식중독된다 : 굶는 다이어트의 진실', 〈과학동아〉, 2015.

28 '금지하면 더 하고 싶어지는 이유, 심리적 반발', 〈정보와이드 모닝〉, KTV, 2009.

29 정호근·정휘수, '1년간 체중감량 노력을 한 대상자들에서 성공적인 체중감량과 관련된 요인', 국민건강영양조사 제6기(2015년) 자료, J Health Info Stat, 2017, 42(4) 355-360

30 루이스 폭스크로프트 지음, 차윤진 옮김, 《칼로리 앤 코르셋》, 도서출판 삼화, 2013.

31 지나 콜라타 지음, 김지선 옮김, 《사상 최고의 다이어트》, 사이언스북스, 2008, 157~161쪽.
루이스 폭스크로프트 지음, 차윤진 옮김, 《칼로리 앤 코르셋》, 삼화, 2013.

32 류장훈, '장은 제2의 뇌. 치매 뇌 질환 막으려면 장 건강도 챙겨야죠', 〈중앙일보〉, 2019.

33 멜라니 뮐·디아나 폰 코프 지음, 송소민 옮김, 《음식의 심리학》, 반니, 2017, 45~51쪽.

34 멜라니 뮐·디아나 폰 코프 지음, 송소민 옮김, 《음식의 심리학》, 반니, 2017, 44쪽

35 멜라니 뮐·디아나 폰 코프 지음, 송소민 옮김, 《음식의 심리학》, 반니, 2017, 62~67쪽

36 Flores, M. B., Fernandes, M. F., Ropelle, E. R., Faria, M. C., Ueno, M., Velloso, L. A., Saad, M. J., & Carvalheira, J. B., Exercise improves insulin and leptin sensitivity in hypothalamus of Wistar rats, *Diabetes*, 2006, 55(9) 2554–2561.

37 틸리언프로 온라인샘플조사, 2018. https://smcncad.com/381

38 〈2019년 학생 건강검사 표본통계 분석자료〉, 교육부, 2020.

39 틸리언프로 온라인샘플조사, 2018. https://smcncad.com/381.

40 루이스 폭스크로프트 지음, 차윤진 옮김,《칼로리 앤 코르셋》, 삼화, 2013.

41 루이스 폭스크로프트 지음, 차윤진 옮김,《칼로리 앤 코르셋》, 삼화, 2013.

42 루이스 폭스크로프트 지음, 차윤진 옮김,《칼로리 앤 코르셋》, 삼화, 2013.

43 "뚱뚱해도 건강하다" 사실일까요?', 〈한국일보〉, 2017.11.29.

44 아사쿠라 마유미·노부타 사요코 지음, 김윤경 옮김,《나는 착한 딸을 그만두기로 했다》, 북라이프, 2017, 192쪽.

45 서레이 워커 지음, 이은선 옮김,《다이어트랜드》, 문학동네, 2018, 91~92쪽의 원주.

46 루이스 폭스크로프트 지음, 차윤진 옮김,《칼로리 앤 코르셋》, 삼화, 2013.

47 지나 콜라타 지음, 김지선 옮김,《사상 최고의 다이어트》, 사이언스북스, 2008, 49~90쪽.

48 루이스 폭스크로프트 지음, 차윤진 옮김,《칼로리 앤 코르셋》, 삼화, 2013.

49 루이스 폭스크로프트 지음, 차윤진 옮김, 《칼로리 앤 코르셋》, 삼화, 2013.

50 지나 콜라타 지음, 김지선 옮김, 《사상 최고의 다이어트》, 사이언스북스, 2008, 89쪽 재인용.
루이스 폭스크로프트 지음, 차윤진 옮김, 《칼로리 앤 코르셋》, 삼화, 2013

51 〈국민건강 영양조사 자료 분석〉, 풀무원, 2016.

52 김민지, '일주일간 10kg 감량? '효과 빠른' 다이어트약의 진실', 한화생명 블로그, 2018.

53 서레이 워커 지음, 이은선 옮김, 《다이어트랜드》, 문학동네, 2018, 100쪽.

54 서레이 워커 지음, 이은선 옮김, 《다이어트랜드》, 문학동네, 2018, 82쪽.

55 서레이 워커 지음, 이은선 옮김, 《다이어트랜드》, 문학동네, 2018, 책표지.

56 엠마 울프 지음, 이은선 옮김, 《하루에 사과 하나》, 새움, 2013, 79쪽.

57 서레이 워커 지음, 이은선 옮김,《다이어트랜드》, 문학동네, 2018, 137쪽.

58 https://www.workaholics-anonymous.org/

59 기시미 이치로·고가 후미타케 지음, 전경아 옮김,《미움받을 용기》, 인플루엔셜, 2014.

60 엠마 울프 지음, 이은선 옮김,《하루에 사과 하나》, 새움, 2013, 154~155쪽.

61 엠마 울프 지음, 이은선 옮김,《하루에 사과 하나》, 새움, 2013, 73쪽.

62 〈일반인용 식욕억제 안전복용 가이드〉, 식품의약품안전처, 2010.

또, 먹어버렸습니다
참다 참다 폭식하는 그 마음

초판 1쇄 2021년 1월 8일
초판 3쇄 2021년 12월 10일

지은이 김윤아

펴낸이 김한청
기획편집 원경은 차언조 양희우 유자영 김병수
마케팅 최지애 현승원
디자인 이성아
경영전략 최원준 설채린

펴낸곳 도서출판 다른
출판등록 2004년 9월 2일 제2013-000194호
주소 서울시 마포구 양화로 64 서교제일빌딩 902호
전화 02.3143.6478 **팩스** 02.3143.6479
이메일 khc15968@hanmail.net
블로그 blog.naver.com/darun_pub
페이스북 /darunpublishers
인스타그램 edit_darunpub

ISBN 979-11-5633-308-1 03180